苦難の乗り越え方　目次

第一章　苦難をどうとらえるか　9

この世に苦難がある意味　10
〈あの世〉と〈この世〉　14
「人生はスポーツジムである」　15
前世の記憶を失う理由　19
苦難は自らが求めた感動である　23
霊的世界を伝えるために　27
恐れをなくすこと　30
〈因・縁・果〉と因果《カルマ》　33
執着しないこと　36
人生は想像力次第　40
できるだけ多くの経験と感動を　44

苦難とは自分自身へのプレゼント 46
宿命はケーキのスポンジ、運命はデコレーション 48
鏡に映る自分を見よう 52
ないものねだりにならないように 56
人生は舞台のようなもの 59
人生を修学旅行にたとえると 65
俯瞰した視点を持つ 69
神頼みは是か非か 71
奇跡 76
執着を捨てる 84

第二章 苦難の乗り越え方 91

病という苦難 92
障害、難病をどうとらえるか 98

思いを込めて生きる 101
臓器移植は許されるか 103
不妊症について 109
オーラを輝かせるのは経験と感動 114
金銭上の苦難 118
感謝のこころが引き寄せるもの 122
貧乏は恥か 126
挫折は新たな道に通じる 131
たましいを輝かせる仕事が天職 133
自分の見きわめ方 138
フリーターの存在、ニートの存在 144
責任主体の自覚はあるか 146
恋愛から学べるもの 152
結婚がもたらす試練 154
離婚 157

第三章　逃げか卒業か　163

〈逃げ〉か〈卒業〉かを見きわめよ　164
ノート内観法　170
孤独と向き合え　176
気持ちを言葉にするのが苦手な人々　179
八つの法則　185
自分自身をサンクチュアリに　198
苦難の乗り越え方レシピ［実践編］　202
失恋　204
依存症　206
実らない努力　208
容姿（美醜の問題）　210
孤独　212
貧困　214
借金（貸した場合）　216

借金（借りた場合） 218
不倫 220
リストラ・失業 222
転職 224
不安・虚無感 226
子どもの教育 228
家庭内暴力（子どもの場合） 230
家庭内暴力（夫・妻の場合） 232
離婚 234
病気 236
親しい人の死 238
子どもの死（出産時） 240
自分自身の死 242

おわりに 247

装丁・挿絵・本文レイアウト：中島健作（ブランシック）

第一章　苦難をどうとらえるか

この世に苦難がある意味

人生はよく旅にたとえられます。

人間はこの世を生き抜く旅をし、定《さだ》められた時期に自分のたましいのふるさとに帰っていく。人はそういう宿命を背負《せお》ったスピリットの存在なのです。

もし人生が旅だというならば、旅の名所はどこなのでしょう。

私はいつも、さまざまな経験《けいけん》が自分自身のたましいの輝きにつながります、と申し上げています。〈経験〉と〈感動《かんどう》〉、それが人生の名所なのです。

そうした旅路《たびじ》を生きていると、人は何かしら苦しみにぶつかります。

この世にある苦しみでは、まず病気が挙《あ》げられるでしょう。それからお金《かね》や人間関係のトラブル。究極《きゅうきょく》の苦しみは死かもしれません。

「なぜこんなにつらい目に遭《あ》わなくてはいけないのだろう」

「毎日苦しいことばかりだ」

苦難《くなん》に直面したとき、悲観《ひかん》したくなる気持ちはわかります。

しかし、病《やまい》にしろ金銭的な問題にしろ、現世《げんせ》の人たちが苦しみだと思っていることは、あの世にはないのです。現世にしかないことなのです。

みんな簡単に「この世は闇《やみ》だ」「死んだらあの世行きだ」などと口にします。では、なぜ、〈この世〉と〈あの世〉、二極化《にきょくか》した場所が存在するのでしょうか。そのことを考えてみたことはありますか？

特に〈あの世〉では〈階層《かいそう》（ステージ）の法則〉といって、それぞれの階層に合った人たちが集《つど》い、グループを作っています。たましいのレベルも愛の電池量

も何もが自分と共通した人ばかりがいる。そんな世界にいれば、この世とは違って、人間関係は波風《なみかぜ》も立たず平穏《へいおん》でフラットです。

ところが〈この世〉には、さまざまな階層の人がいます。マザー・テレサのように慈悲《じひ》深く階層の高い人もいれば、血も涙もない殺人鬼もいて、ともに生きています。善人も悪人も混じっている現世を、私は〈現世混浴界《げんせこんよくかい》〉と呼んでいますが、善悪が混在するそのような世界の中で生きていくのは大変です。

考えてみれば、〈あの世〉だけのほうが生きやすいのに、先に存在していた霊的《れいてき》世界《せかい》は、一見《いっけん》無用に見える〈この世〉というものをなぜつくったのでしょうか。なぜわざわざ、たましいが現世に生まれてくるようなしくみにしたのでしょうか。

そういうことを分析してみれば、人生の謎が、苦難が存在する意味がひも解《と》けるわけです。

〈あの世〉と〈この世〉

では、まずあの世とこの世を対比《たいひ》して見てみましょう。

〈あの世〉というのは非物質界《ひぶっしつかい》です。肉体がありません。肉体がないのだから、病気もありません。仕事も、役割《やくわり》というものはあったとしても、生業《なりわい》を得るための仕事はありません。したがって、〈あの世〉には肉体に伴《ともな》う苦痛は一切《いっさい》なく、食べる必要もなく、お金も、ないというよりはそもそもお金が要《い》らないわけです。これがいちばん大きなコントラストです。

もう一つ、大きな違いがあります。向こうの世界には言語《げんご》が存在していないということです。この世に言語があるのは、言葉を音声として発して意味を伝えなくてはいけないからです。ところが向こうの世界はすべてテレパシーで感じるこ

とができます。そのため言語は不要です。人の心も常に通じ合っていて、自分は相手を、相手は自分を、すべて見透《みす》かしているということです。自分の個性と合わないということで理解しがたいということはあるとしても、相手が何を考えているかは即時《そくじ》にわかる。理解不能ということはあり得ないのです。

それに比べて、現世はどうでしょう。一人一人が個として肉体という物質の中に入っていますから、他人の考えていることがわかりません。〈裏腹《うらはら》〉などという言葉があるように、表の顔とお腹の底は、まったく違っていたりします。だからこそ、この世を生きる人にとっては人間関係が苦しみになったりするわけです。

「人生はスポーツジムである」

私は現世《げんせ》をたましいのスポーツジムだと言うことがあります。この世に生まれ

て出合う人生の問題はすべて、たましいの筋力増強のトレーニングになっているからです。

辛酸《しんさん》をなめる。難儀《なんぎ》する。それは確かにつらいことです。でもみなさんはスポーツジムに行って、マシンを使ってするトレーニングを〈苦難〉と呼ぶでしょうか。もちろんエアロビクスをしたり、プールで泳ぐうちに息が切れ、脈拍《みゃくはく》が上がって、「苦しい」と言うことはあります。でもそれを〈苦難〉だとは思わないはずです。自分のからだのため、健康のためだと思って行っているわけですから。『これは苦難だ』と考えているなら、会費を払ってまで行くはずはないのです。

生まれてから死ぬまで、何ごともなく平和に幸せに暮らしていきたいと誰もが願うでしょう。ですが、本当にそうであったならば人格の向上はあり得ません。

苦しみを乗り越えてこそ人間として磨《みが》かれるのだということは、論《ろん》ずるまでもない当然の真理だとわかっているはずです。にもかかわらず、人はなぜか、棚《たな》ぼ

た式の幸運や、何の不自由もない幸せな暮らしばかりを望んでしまうのです。

それは弱さからです。来たものに怖《お》じ気《け》づいて、内に閉じこもっているのです。スポーツジムの会員になっているのに、『ああ、ジムに行くのは億劫《おっくう》だな』と思うのと同じです。会費だけ払っているのと似たような現象が起きるわけです。

スポーツクラブの場合は、カッコいいから、スリムな体型になりたいから行くという、見かけにこだわっている人も多いかもしれません。でも、決してそれだけではなくて、水泳でもバレーボールでもマラソンでも、みんな好きで自《みずか》らやろうとします。皇居《こうきょ》のお堀《ほり》の周《まわ》りでは、年中ジョギングしている人を見かけますし、子どもや学生は律儀《りちぎ》にも、運動会だのマラソン大会だのに一生懸命《いっしょうけんめい》参加します。苦しいとわかっているのに、がんばってやろうとするのはなぜなのでしょう。

実は、人は本質的に自分を鍛《きた》えることが好きなのです。

それはまったく無意識の行動なのですが、わざわざ苦しい思いをしても、そう

やって自分を鍛錬《たんれん》したい、つらくても人との調和をはかりたいという意欲。それは、たましいの目的を物質界の中で曲解《きょっかい》したかたちではあるけれど、自分のたましいを高めたい、もっと上のステージに上がりたいという向上欲のあらわれなのです。

現世において、たましいの視点を持っていない人であっても自己鍛錬したがるのは、たましいの視点からすべてを見通しているあの世の住人からすると、ちょっと滑稽《こっけい》なところもあるわけです。あの世があることや、たましいにはステージがあることを、信じる信じないは別にして、とにかく自らを鍛えようとしているのですから。『人間というのはおもしろいものだよな』と思っていらっしゃることでしょう。

なんにせよ、「たましいのスポーツジム」という言い方に従うならば、私たちはこの世の中に、自分自身のたましいや心を鍛えてより高い人格になる、いわばよ

り輝けるオーラを身につけることを目指して生まれてきたんだということになる。翻《ひるがえ》って見れば、私たちは本当は艱難辛苦《かんなんしんく》を味わうためにこの世に生まれてきているとも言えるのです。

自らのたましいを鍛えるトレーニングは、〈苦〉とは言いません。言ってみれば、そうした切磋琢磨《せっさたくま》を苦難ととらえるかどうかなのです。

前世の記憶を失う理由

私たちがこの物質界に生まれてくるとき、生物的にはお母さんのお腹の中に胎児《たいじ》として発生します。たましいは受精《じゅせい》のときに、肉体という物質の中に入ります。たましいが胎児という乗り物に宿《やど》るイメージです。そのときに私たちは、自分の前世や、この世に生まれ出るたましいの目的、そうした一切の記憶を失《うしな》います。

どうして記憶を失うかというと、忘れなければならない意味があるのです。実はそこがポイントです。覚えているままだと、私がよく言うところの〈大根役者〉になってしまうのです。

生まれてきたときに自分の前世《ぜんせ》や学《まな》びの目的を全部覚えていたら、今生《こんじょう》での体験の一つ一つを新鮮な気持ちで味わうことはできません。忘れているから、小我《しょうが》という自己中心的なこだわりがあぶり出されてしまうのです。

たとえば、お腹いっぱい食べたい。できるだけ楽をしたいと思うのは、結局苦しいのはイヤで、満たされたほうが快適だから。肉体的こだわりばかりが前面に出てきてしまうわけです。ですから、人によっては、そういった物質的な欲望を乗り越えることを第一に考えます。

しかし、小我にこだわっているうちは得られないものがあります。

それは何かといえば、〈感動〉です。

〈感動〉とは、感じ動くこと、心が動くということです。たとえば、ある日あなたはお花をもらうとします。前世の記憶は消えていて、自分に花が贈られることを知らないから、花を差し出されたときに「わあっ、きれい」と驚けるわけです。花を渡されることをすでに知っていたら、「来た、来た。まあ、きれいだけどね」と取って付けたようなお世辞《せじ》を言うことになってしまいます。思いがけない驚きがなければ、感動も伴《ともな》わないからです。

そうしたいわゆる日々のサプライズは、たましいにものすごく大きな影響を与えます。私たちの毎日には、あの手この手と次々とドリル（課題）がやってきます。そうやって自分自身のたましいの力量を鍛えているのです。

つまり日々の暮らしというものは、大変上手にプロデュースされた学びの場ということになります。何か問題が起きたときに、そのつど動揺《どうよう》してしまうのか、それとも前向きに対処できるのか。そういったたましいの柔軟性《じゅうなんせい》が問《と》われるわけ

です。

大切なことを忘れていると、ときに自分の本性が露《あら》わになることがあります。たとえば、披露宴《ひろうえん》によばれた日。それを覚えていて、『きょうは披露宴だ』となれば、きちんとしたものを着て出かけるはずです。スピーチすることがわかっているなら、ちゃんとメッセージを用意していくでしょう。つまり『これからこういう出来事がある』と知っているとそれなりに構《かま》えてしまい、普段とは違う自分を演出してしまったりするわけです。

でも、突然「スピーチしてください」と言われたときには、言葉遣《づか》いや、立《た》ち居《い》ふるまいを含め、素《す》の自分自身があらわれてしまうことがあります。

とはいえ、思わぬときに本当の自分を知ることができるのは幸いなこと。私たちの人生は、実はそうした自己認識の積み重ねでもあるのだということを前提《ぜんてい》として覚えておかなくてはいけません。

前世を忘れることの意味をわかっていただけたでしょうか。

苦難は自らが求めた感動である

今回私がいちばんみなさんに訴《うった》えたいテーマは「苦難の乗り越え方」です。しかし、苦難という言葉は、現世寄りの言い方として使っているだけであって、霊的視点からすれば、本当は「苦難は苦難にあらず。自《みずか》らが求めた感動である」となります。あるいは、「苦難は自分自身のたましいを鍛えるための方法である」ということなのです。

そう説明すると、気持ちがもともと強い人や向上欲のある人は、どちらかというと『よし、ぜひとも自分自身のたましいを鍛えよう』と考え、〈喜《き》・怒《ど》・哀《あい》・楽《らく》〉の〈怒〉と〈苦〉ばかりを重要視します。

この〈苦〉を別の言葉に置き換えれば、〈向上欲〉です。または、〈向上欲を動機とする経験と感動の結果〉です。こう言うとまた、『望んだ苦難なのだから』と何でも苦渋《くじゅう》に耐えて生きていこうとします。

しかし、経験という意味では、喜ぶことも大切ですし、楽しむことも大切。〈喜・怒・哀・楽〉の四つ全部の体験を網羅《もうら》することが望ましいのです。

なぜならば、喜ぶことを味わわなければ人を喜ばせることはできません。自分自身が何かしてもらった。そのときにとてもうれしかった。〈喜〉を味わって初めて、率先《そっせん》して『こうしたら相手も喜ぶだろう』『どうやって相手を喜ばせようか』と、第三者のための行動もできるようになるのです。

また、〈楽〉も、そのときに拡がる視界や、楽がもたらす余裕を知り、経験したからこそ、その楽しさを人にも伝えたい、味わわせてあげたいと思うわけです。

喜怒哀楽を満遍《まんべん》なく学ばなければ、人間はフランケンシュタインと同じような

感性になってしまいます。「人を喜ばせる方法がわからない」というのは、あまりにも無機質《むきしつ》で、お芝居や小説の中の話ならおもしろいかもしれませんが、現実に置き換《か》えるととても恐ろしい響《ひび》きです。

闇を知ることによって光がわかり、光を知ることによって闇もわかる。これらすべてが感じ動くこと、感動なのです。苦行僧のように「苦だけを見つめていきましょう」と、苦しいことばかりを求める必要はないのです。大いに楽しんでも結構です。

だれもがつつがない人生を望みます。けれど、人生のあちこちでつまずくからこそ人の気持ちや痛みもわかるようになるのです。

この本は「苦難の乗り越え方」がテーマだと申し上げました。しかし正確に言うと、「感動の受け止め方」がいちばん伝えたいメッセージなのかもしれません。

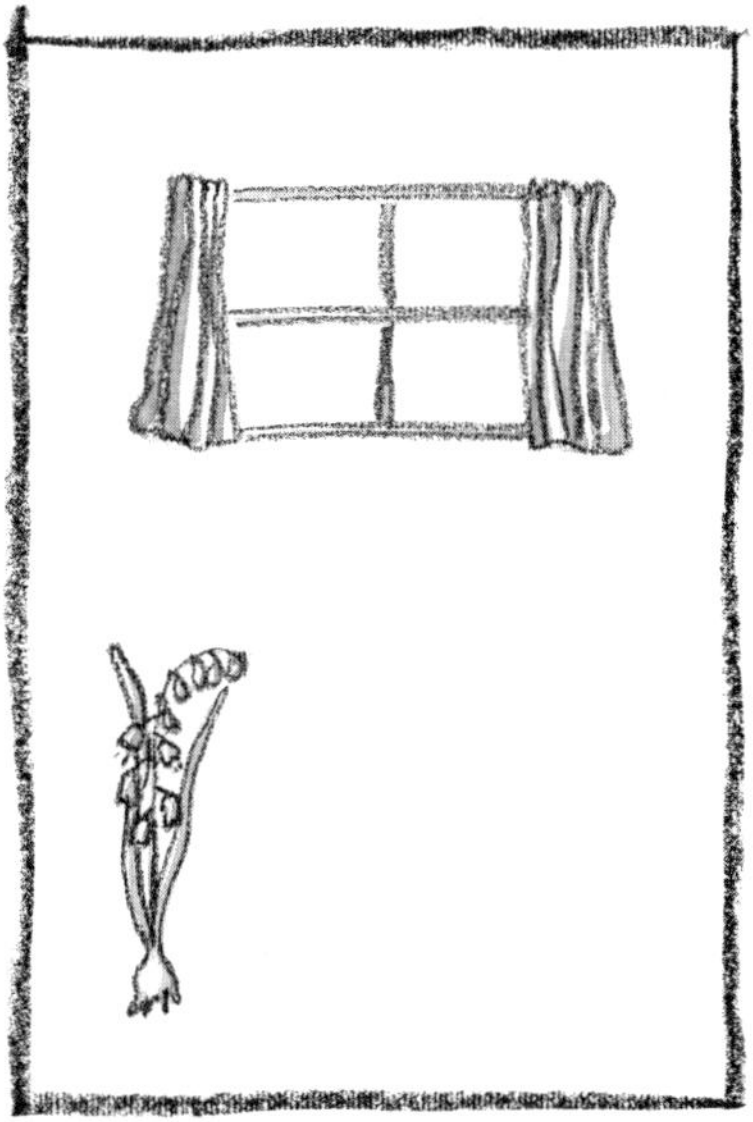

霊的世界を伝えるために

最初に、私たちはたましいの存在であると申し上げました。その流れからいうと、苦というのはこの世の考え方であって、あの世では苦は苦ではないのです。しかし、苦しみの渦中《かちゅう》にある人は、闇の部分しか見えていないのではないでしょうか。その向こうに光の部分が必ずあるのだということがわからない。

私は、『人生なんかは所詮《しょせん》こんなものなのか』と思う空虚《くうきょ》さから脱《だっ》するには、死後の世界を考えることが必要だと思うのです。死というものを見つめないと、本当の意味で人生の定義《ていぎ》はできません。

以前、私がテレビのドキュメンタリー番組に出たとき、かなり年配の男性からこんな投書をいただいて、笑ってしまったことがあります。「あなたはすばらしい

ことを言う。せっかくいいことを話すのだから、あなたはもう霊のことを言うのはやめなさい」。霊的な世界のことを言うと、必ず胡散臭《うさんくさ》くとる人がいるのですが、それは非常に現世的な考え方だなと思うのです。

死後の世界、霊的な世界があることは、理屈だけでは理解できないのです。感覚で味わい感じるしかないのです。私が『天国からの手紙』や『オーラの泉』といったテレビ番組などに出演するのは、少しずつデモンストレーションして、「本当にあるんだよ」ということを肌身《はだみ》で感じてもらいたいと思っているからです。

現代人の中には、霊的世界のことを語る人は現実逃避《とうひ》しているというふうにとらえる人がいます。確かに、無理にでも自己肯定《こうてい》したくて、あるいは人生の言い逃《のが》れの術として使ってしまう人も存在しないわけではありません。けれど、基本的には、人生を前向きに、バイタリティを持って生きている人こそ、死後の世界を見つめているのだと思います。

むしろ、こんな世の中でのほほんと生きていければいいやと思っている人や、たましいのことも考えずに生きている人のほうが、私にしてみれば、思考《しこう》しない人生だな、ということになります。死というものを見つめることで、もう一歩踏み込んで思考してもらいたいのです。

もちろん霊的世界を信じる人でも、怪異《かいい》現象だけを見て、はしゃいで楽しんでいるようでは意味がないわけですが、先に申し上げたように、なぜあの世とこの世があるのか、その意味を分析してみれば、自《おの》ずと人生の意味が見えてくるのです。

私がテレビ番組などでデモンストレーションしているように、〈あの世〉はあります。そして、私たちが現実に生きているこの実相《じっそう》の世界が〈この世〉。なぜ二極化してあるのかという疑問を徹底的に問《と》いただしていけば、誰にでも「自分はなぜ生まれてきたのか」という理由が見えてくるはずです。それは大きな神秘をひ

も解《と》くような、神秘の箱の封印《ふういん》を解くようなことなのです。

そのことを理解すれば、人生、怖いものはなくなります。意味がわからない出来事や人生では、だれもが不安になって当たり前。逆に言えば、人生の意味がわかればまったく怖いものがなくなるということです。考え抜いた先に見えてきたならば、そのときの感動を大事にしていただきたいと思います。この世を生き抜く大きな財産になるのですから。

恐れをなくすこと

本当の幸せとは何なのか。みなさんがとても知りたいことの一つだと思います。私も、『本当の幸せとは何かに気づき、自分の人生を責任主体で歩んでほしい』という思いを込めて執筆《しっぴつ》や講演などをしています。

一般の人たちに「あなたの幸せの定義は？」と聞くと、大抵はまず物質的なことを挙《あ》げます。ステキな彼氏（彼女）がいる、円満な家庭がある、お金に恵まれているなどです。物質界にどっぷり浸《つ》かっている人であれば、なおさらモノへの執着《しゅうちゃく》が強いところがあります。

もう少し精神的なことを挙げる人でも、『心豊かに暮らしたい』『人と仲良くしたい』など、レベルが違うというだけで、『～したい』という執着には変わりがありません。

冷たいことを言うようですが、実はどれも無理なのです。

どんなに愛する人がいたとしても、たましいは別です。一緒に生まれて一緒に死んでいく人は誰もいない。出会いがあれば必ず別れがあります。

どんなに若くて美しい人でも、年齢とともに容色《ようしょく》が衰《おとろ》えていくのはとめることができません。

お金はしょせん物質ですから、得ても失うこともある。

確実な幸せはあり得ないのです。

ただ、一つだけある確実な幸せは、私がいつも言っている〈恐れをなくすこと〉。人生に怖いものがない、これが最大の幸せなのです。

人生の中での最大の苦は何かと考えると、おそらく〈死〉でしょう。でも、死の意味がわかれば、死をいたずらに恐れることはない。

それから〈病気〉。病気の意味を知れば、むやみに恐れずに済《す》む。

お金やさまざまな物質。それらも、何のためにあるのかを考えれば、失っても闇雲《やみくも》に嘆《なげ》く必要はない。

もちろん恋愛や結婚も、そこに込められた目的がわかれば、めったやたらにひるまなくていいのです。

ひっくるめて言えば、人生の意義がわかれば人生を恐れる必要はないのです。

恐れるものがないことが実はいちばんの幸せである、と私はとらえています。

ですから、「幸せの定義は、怖いものがないこと」、「失うことの恐れから脱すること」と、いつもお話をしているわけです。

〈因《いん》・縁《ねん》・果《か》〉と因果（カルマ）

ところが世の中を見渡してみると、厳《きび》しい言い方かもしれませんが、思考しない人が多すぎると思います。

思考とは、私の言葉で言い換《か》えると〈内観《ないかん》〉です。内面を見つめること、内観をおろそかにする人はダメ。人生の苦難を乗り越えられません。思考しないからなお強く『何かいいことがやって来ないかな』と望んだり、失敗するたびに「運が悪いのだ」と言い訳をしたりするのです。

そうした人たちに対して私が言いたいのは、「この世に偶然はなくすべて必然だ」ということ。必ず原因があって、原因を結ぶ縁《ゆかり》があって、それが結果としてあらわれる。この世にはそうした、

因《いん》・縁《ねん》・果《か》の法則

があるということです。

こう私が言うと、また曲解《きょっかい》してとる人がいます。「『この世に偶然はなくすべて必然』とするなら、人生はすでに定《さだ》められているということじゃないか。それなら何の努力もいらないではないか。無駄《むだ》ではないか」と。

そうではありません。宿命と運命は別なのですから。

繰り返しになりますが、私が言いたいのは、起ることには必ず原因があって、私の言い方をすればそこに〈波長の法則〉が結びついて、結果として返ってくる。すべては因・縁・果の法則だということです。

因・縁・果は、たとえば、たましいが前世から引き継いでいるものであったり、今生だけで蒔《ま》いた種《たね》が育って返ってくるものであったりと、時間的長短の違いはあります。しかし、この世のすべては因・縁・果の法則で成り立っているわけです。

そのメカニズムをちゃんと分析したり思考したりしないから理解できず、運だのツキだのと言って逃げてしまう。これからの時代、分析しない人間、奥深い思考ができない人間は、輝く人生を得られません。棚《たな》ぼたを願ったり、運がいい悪いという言葉を使うのは、思考しない人間であるという証《あかし》なのです。

運はつくるものです。よくつくれば上がる。悪くつくれば下がる。はっきりしたものです。棚ぼたなんてありません。あるように見えて、実はどこかに根拠《こんきょ》があるものです。

つまり、人生はみんな平等なのです。みなさんが持っている預金通帳のように

正直です。不意《ふい》にプレゼントをもらって、『わあ、うれしい』と単なる幸運のように感じても、実はしっかり通帳から引かれていたりします。反対に、人に与えて『損した』と思ったとしても、あとでその分はきちんと入金されているのです。そういう意味で、人生はみなきちんと収支《しゅうし》がついているのです。

執着しないこと

私はここ数年、自分の書籍や雑誌で、「知的に生きなさい」と口を酸《す》っぱくして言っています。

〝寄《よ》らば大樹《たいじゅ》の陰《かげ》〟という発想や、何かに寄りかかったり依存《いぞん》したり、いままでは通用したこともこれからは一切通用しません。

そう言っていたら、昨年、耐震強度偽装事件《たいしんきょうどぎそうじけん》が発覚しました。私は前から、具

体的に提言《ていげん》していたのです。家やマンションはブランドで購入したらダメですよ、役所へ行けば、その土地の地盤はしっかりしているか、基礎工事の設計はどうなっているか、業者の実績《じっせき》などすべて調べることができるのですから、自分で手間をかけて選んでいかなければダメです、と。

これからの時代は何も信じられなくなります。政治も信じられない、株式市場も、銀行も、不動産のことだって信じられない。

では何を信じたらいいの、と言われるかもしれません。

信じていいものは、自分だけです。

厳《きび》しいようですが結局は因《いん》・縁《ねん》・果《か》の法則なのです。

耐震偽装問題以外にも、振り込め詐欺《さぎ》やリフォーム詐欺など、人を騙《だま》してお金をもうけるという悪質な犯罪が手を変え品を変えて出てきます。被害に遭った方々は本当にお気の毒なことだと思いますが、こう考えるしかないのです。

自然界のものは地球のものであって誰のものでもありません。全部借りものなのです。

不動産にしても、実は人間が勝手にシステムを決めて土地を売買《ばいばい》しているだけ。本当は、土地は地球のものです。どうしてそこに所有権をつけるのかわからない。人間が共同体をつくるために通貨をつくったところが始まりで、現代の経済状況になっているだけで、それまではお金自体がなかったわけです。

人生の極意は〈執着しないこと〉です。この世のもので、〈自分のもの〉というのは一つもないのです。着ている服ひとつでも自然界のものです。借りものです。自分のものは一つもないのだと気づくことです。

執着しても始まりません。そう言われても、とっさには、『いま私は一生懸命ローンを払っていて苦しいのに。この家が自分のものじゃないなんて』と不満に思うかもしれません。けれども、失ったからこそ見えることもたくさんあります。

りっぱなマンションに住んでることだけが幸せかというと、そうではない。突然六畳ひと間のアパートに四人が暮らすようなことになっても、それはそれで楽しかったり、そこで見えてくるものもあるわけです。

私が言う〈経験〉と〈感動〉とはそういうものです。

「自分がそういう事態に陥《おちい》らなければわからないだろう」と言えばそうでもなくて、だれもが大なり小なりそういう思いはしているはずなのです。みんな何かしら味わっています。

だから、どんなときでも笑って受け止めていきなさい、ということです。失敗や災難も自然に受け止めていって人生を楽しむことです。

人生は想像力次第

私が今回この本の中にいちばん込めたいことは、人生讃歌です。何においても楽しむということがすごく大事です。

失敗もすべては成功のもと。失えば得るものがあり、得れば失うものがある。〈失う、得る〉ということの繰り返しなのです。それを楽しんで受け止めていく姿勢をつくることが大事だと申し上げたいのです。

特に物質的なものは、得たら縛られる。失ったら自由を得ます。

私もいろんなところで陰口《かげぐち》を言われます。スピリチュアル・カウンセラーとして有名になって、一世を風靡《ふうび》しているように見えるのでしょう。いまの立場にしがみついて執着して、自分だけで独《ひと》り占《じ》めしている。そんなことを同業者から言

われたりもします。インターネットなどで意地悪な書き込みなどをされることもあります。

ところが当の私には、しがみつきたいという意思はこれっぽっちもないのです。いままでもそうでした。得て失って……、そういうことはしょっちゅうやっています。

あるとき誰もが私の存在をすっかり忘れてしまったとしたら、それはそれで、『ラッキー！　次なる人生あり』と思えると思うんです。

これは決して冗談ではなく、もんじゃ焼き屋の主人になる人生だってあると思っています。子どものとき、もんじゃ焼き屋がいちばんやりたかった職業でした。霊感のあるもんじゃ焼き屋のマスターになって生きていくのもいいだろうと思うのです。

私は人生楽しみ上手というか、そもそも勝手な空想をするのが好きなのです。

伊豆《いず》やどこかの温泉宿で働いてみようかなと真剣に考えたこともあります。日本にいなくてもいいとなれば、今度は海外で暮らすという選択だってあり得るかもしれません。いろんな人生ありき、です。

語弊《ごへい》があるかもしれませんが、職がない、仕事がないという話と一緒です。選ぶからないわけで、『こんな仕事もいいかな』と選り好みせずに飛び込んでいけば、どんなに不況でも職はあるのです。

要は、思考する柔軟《じゅうなん》さが足りないのです。私は、そういうバイタリティを持てば人生はもっと楽しめると思っています。人生でいいサーフィンができます。

人生も想像力なのです。想像力の乏《とぼ》しい人はダメです。私は「人生は想像力」だと言いたいのです。こんな人生もいい、あんな人生もおもしろい、と思える人のほうが絶対に楽しめるわけです。

そう思えない人たちの問題点は、物質主義の権化《ごんげ》になっていることです。物質

に執着しているために、自由な発想が生まれない。たくましく生き抜こうというバイタリティが湧《わ》いてこない。

うすうす自分の物質への執着心に気づきながら、それでもそこから離れられないという人もいます。物質界のレールの上に乗って生きていて、だから苦しんでいるのです。

生まれて、学校へ行って、就職して、そうしたら今度は結婚して、結婚したら子どもを持って、次にマイホームを持ったりクルマを持って、老後には……などと決めつけているわけです。

自分は不幸だと思っている人はだいたいそうなのです。「美人じゃないので恋人がいません」「子どもが欲しいのに妊娠できません」「お金がなくて家を買えません」などと、ちょっとつまずいただけですぐ、「もう絶望です」となってしまう。

できるだけ多くの経験と感動を

結局、たましいの想像力や柔軟性《じゅうなんせい》というのは、〈経験〉と〈感動〉の数に比例《ひれい》するのです。経験と感動の数の少ない人は、選べるメニューがどうしても少ない。反対に、たくさんこなしている人は、何があっても「ケ・セラ・セラ」になるんです。過去のいろんな経験と感動によって生きるバリエーションをいっぱい味わっているので、バランスよくたましいの筋力がついている。すると、『これがダメなら、あれもありかな』という思いつきができるのです。

「これは収納アドバイザーと呼ばれるような先生たちの考え方と似ています。「これがなければあれを代用品として使えばいい」と、私たちにはないアイデアで上手に空間利用をする。一般には、既製品《きせいひん》を買おうとしてお店へ走ってしまう人ば

かりなのです。ところがそういうプロの人は、ティッシュの箱だって『何かに使えるのではないか』と考える。その『発想しよう』という気持ちが一般の人にはないから、「すごい」となるわけでしょう。

大切なのは、これまでそうした考え方ができなかったからといって、『絶望だ』と思わないこと。いまからでも遅くないですから、経験と感動を前向きに受け止めていってください。そうすれば、柔軟性が一気にふくらむこともあるんです。

意識を変えると、突然たましいの筋力《きんりょく》が豊かになることもあります。すぐにでもその視点に切り換《か》えてしまいなさいと、私はこの本で訴《うった》えたいわけです。

ですからこの本は、「誤用すればまったく効果がありません」という注意書きが必要かもしれません。経験と感動を無視してただ棚ぼたを望むのであれば、この本はただの印刷物となってしまうでしょう。

しかし、ここに書かれていることをたましいの中にすんなりと宿して、自分の

人生を変えていきたいと思うなら、まず視点や定義を真摯《しんし》に受け止めていく。それ以外に道はないということです。

苦難とは自分自身へのプレゼント

最近は、みなさんがスピリチュアルな世界を理解しようとつとめてくださって、「苦難は自分を成長させるための神様からのプレゼントだと思っています」とおっしゃる方もいます。艱難辛苦《かんなんしんく》が降ってきたときに、単に『つらい、苦しい』とネガティブな感情で片づけてしまわない姿勢はとてもいいことだと思います。しかしながら、苦難が神様からのプレゼントというのは間違いなのです。神様からのプレゼントと言ってしまうと、神様という偶像がいるように感じられてしまいます。しかし〈類魂《るいこん》（グループ・ソウル）の法則〉からすると、誰もが神なので

す。生まれてくること自体、自分自身が決めていることとです。神様の力は借りるけれど、だからといって神という存在があるわけではありません。神というのは英知の中心。私たちも神の粗《あら》い粒子《りゅうし》の部分を担《にな》っているわけです。

つまり、神様からのプレゼントも、実は自分が自分に対して与えたものです。自分自身の向上欲がくれたプレゼントなのです。

人生上のうれしくないハプニングやアクシデントに動揺しない人はいないでしょう。ただわかっていただきたいのは、動揺《どうよう》するのは〈物質《ぶっしつ》中心《ちゅうしん》主義《しゅぎ》的《てき》価値観《かちかん》〉を中心に据えているからなのです。あるいは、世界はこの現世のみでできていると考えているから、いま一時《いっとき》の問題について動揺してしまうわけです。

物質界ではたましいは肉体の中に入っているので、物質欲に気持ちが行きがちだというのはあります。でも元来《がんらい》人間はみな、たましいの絶え間ない向上欲を持っているのです。それによって、たましいがもともと持っている長いスパンと大

きな視野で物事全体を見渡せば、どんな出来事も人生のドリル（課題）として捉《とら》えることができるようになります。

新たな視野に立つと、人生の出来事の一つ一つがまるで初めて味わう果実のように新鮮に感ずるようになるはずです。目を開かれるようなその感動を力にして、みなさんがすべてを前向きに乗り越えていけることを願っています。

宿命はケーキのスポンジ、運命はデコレーション

〈宿命〉と〈運命〉については、私の他の書籍でも何度も述べているように、まったく別物です。この二つは混同されがちですが、区別して使うほうがいいでしょう。混同して使っているとますますわかりにくくなってしまいます。

まず〈宿命〉とは何なのか。一つの定義としては、変えようのないこと。ある

いは学びのカリキュラム。そういう言い方ができます。

たましいにはふるさとがあります。これをグループ・ソウルといいます。霊的世界、つまりそのたましいのふるさとから、自分をもっと向上させようという思いを抱《かか》え、望んでこの世に生まれてきます。生を受けるそのときに、自分のたましいにいちばん合った負荷《ふか》をかけるのです。これが宿命の正体です。スポーツクラブで、どこの筋力を鍛えようかと考えてマシンを選ぶのと同じです。たましいにとってもっとも適切な、時代、国、性別などを選ぶのです。

誤解する人もいるかもしれませんが、時代を選ぶといっても、いまの時代にするか、もう少し後にするかという現在から未来の話であって、いまから遡《さかのぼ》って戦国時代に生まれるようなことはありません。『ドラえもん』ではないですから、タイムスリップして歴史を変えるようなことはできません。

性別は、現代では戸籍上《こせきじょう》は変えられるようになりましたし、性転換《せいてんかん》手術もでき

るようにはなっていますが、もともとの生まれの性別は変えられないのです。性別は現世での方便ですから、これもあらかじめ決まっています。

それから家、家族。これも変えられません。生まれてきてから「この家はイヤ」といっても動けないのです。

先天的に持つ病《やまい》もそうです。後天的に得る病でも、ときどきどうにも動かしがたいケースがあるのは、たとえばその病気や事故が大きく人生を変えることがあるように、すでにカリキュラムに組み込まれていることがあるのです。要するに、人生の大きな目的を押さえて生まれてくる。これを宿命というのです。

ところが、運命というのは、結局のところは現世で自分をどうプロデュースしていくかというようなことです。創意工夫《そういくふう》によっていかようにもなります。

「運命は変えられる」という〈運命の法則〉がなかったら、宿命に身を委《ゆだ》ねて流されるまま生きていけばいい、ということになってしまいます。努力したり、

苦難を乗り越えたり、人生ときちんと向き合う必要性もなくなってしまうのです。そういう意味でも、宿命と運命は違うと言えます。

わかりやすくするために、私はいつもケーキにたとえます。スポンジの部分が宿命、デコレーションが運命です。この世にどんなスポンジを持って生まれてきたかは、人それぞれ顔形《かおかたち》が違うように個性があります。そのスポンジの上にどんなデコレーションをするかは創意工夫次第。努力によってどんなふうにも仕上げられるのです。自分のスポンジに合ったかたちでいちばん美しいものをつくっていくことができるんだ、ということです。

宿命と運命から苦難というものを見ていくと、生まれ持ったままで完璧《かんぺき》なスポンジなどどこにもありません。それぞれの良さや、または欠点や問題点がありま す。

その問題点を映し出してくれるのが苦難です。「ここをもうちょっと補《おぎな》ったほう

がいいよ」と教えてくれているのです。だから苦難を不幸だととらえるのはおかしいのです。

鏡に映る自分を見よう

私がよく言う〈波長の法則〉を別の言い方に換《か》えるならば、いわばガイド、鏡を持ったガイドです。そして鏡というのは〈因果（カルマ）の法則〉に当たります。

自分自身のズボンが破《やぶ》けているとします。それを見るには鏡が必要です。ガイドが鏡を差し出してくれ、その鏡に映し出されたもの、ズボンが破れているのを見るのがカルマなのです。

では、破れたズボンを見ることによって、「あっ、破けていた、ズボンをはきか

えなくては」ということは不幸でしょうか。これが苦難なのでしょうか。

鏡越しにズボンが破けていることを知ったことが苦難というのは、あまりにも滑稽《こっけい》な話です。一瞬、恥ずかしいとは思うかもしれないけれども、それは失敗を直すためには必要なことです。だから受け止め、逃げないことです。

自分のズボンの破れを見たくないからと言って逃げ回り、ずっとパンツ丸出しで歩いてうれしいか、ということです。むしろそこにあるのは、『破けていることに気づけてよかった』という感謝でしかない。

そう考えれば、カルマを毛嫌いするのがいかに矛盾《むじゅん》したことであるかがわかるはずです。「言わないで」「見せないで」というのは、向上心がないだけのこと。いつまでもそういう態度でいると、やがて誰からも相手にされなくなります。

料理にたとえてみましょう。最高の料理名人とは素材を知る人です。素材を知るといっても、最近は高い食材イコールいい素材、いい料理という短絡的《たんらくてき》な風潮

を感じます。テレビなどでも、伊勢エビだの神戸牛だの、最高級の食材を並べてそれで調理するという番組がいくつもありますが、しかし本当は値段が高ければそれでいいのではありません。大根ひとつでも、大根の性質やうまみを深く理解しているからおいしく調理できるわけです。

素材を生かすということを人生にあてはめて考えれば、こういう哲学になると思います。

自分が大根なのに、ニンジンと比べてもしかたありません。ニンジンには甘みがある。大根にはまた違う味わいがある。自分は大根で、どうしたってニンジンにはなれないのに、「ニンジンは、ニンジンは」とうらやましがったり、ニンジンを気取る人は、不幸です。なぜなら、この世でいちばん不幸なのは、他人と比べる人だからです。しかもこうした勘違いはなかなか解けることはありません。いつまでも続いていく完全なる負のスパイラルなのです。

加えて、最近は〈オンリー・ワン〉という言葉が普遍化《ふへんか》しつつあります。自分はたったひとり。私にはそれが言葉の上だけの話で、単なる美辞麗句《びじれいく》のように感じられます。

自分の長所も欠点も全然見つめず、〈オンリー・ワン〉を一種の免罪符《めんざいふ》のように使っているのではないでしょうか。

〈オンリー・ワン〉とは、突き詰めていけば、同じたましいは二つとないということです。それぞれのたましいにふさわしいカリキュラムは決まっていて、「自分は自分でしかない」「自分の持ち前の素材をしっかりと見つめなさい」という大いなるメッセージです。

何度も言いますが、たましいの法則で絶対にしてはいけないのは、人と比べることです。これほど時間のムダ、無意味なことはありません。

それに対して、〈自分好き〉という言葉はネガティブに捉《とら》えられる傾向にあるよ

うです。自分をエゴの鎧《よろい》で守ろうとするなら問題ですが、そうではない側面もあります。〈自分好き〉を徹底すれば、自分という人間はいかなる人間であるのかを追究することになると思います。

そうやって、自分という素材を探究するのは全然恥ずかしいことではありません。むしろポジティブで前向きな視点であって、大切なことです。

宿命と運命の法則、生まれてきた目的、たましいの視点……これらの法則を熟《じゅく》知《ち》しないと、本当の幸せは得られません。先に申し上げた「思考しなさい」というアドバイスは、ここでも生きているわけです。

ないものねだりにならないように

どういうわけか人間は、自分にないものを人が持っていると無闇《むやみ》にうらやまし

がります。そのくせ、相手が持っていないものを自分が持っていても『ありがたい』とは思いません。自分が持っているものは「ラッキー！」で、持っていないものは「ずるーい」。まるで子どもの駄々《だだ》のようです。つくづく人間はわがままだと思います。

しかし、私に言わせれば、人生は絶対に平等です。

ケーキのたとえに戻りますと、シフォンケーキというケーキがあります。この世で多くの人が望むのは、だいたいシフォンケーキなのです。デコレーションしなくても十分にきれい。見た目もよくておしゃれです。人間にたとえれば、生まれも育ちもよくてきれいで聡明《そうめい》で……という感じでしょう。表面的な魅力ばかりを指して、「シフォンケーキはいい」というわけです。

けれど考えてみれば、シフォンケーキは、結婚式にもお誕生日会にも出てきません。似合《にあ》うのはせいぜい、午後のティータイムがいいところ。メインになるケ

ーキではないのです。

加えて、シフォンケーキにはデコレーションはできません。ホイップクリームを添《そ》えるのがせいぜいです。つまり、人にはみなその人なりの束縛《そくばく》があるということ。プラスだけではない、マイナス面が必ずあるわけです。

おそらくシフォンケーキの立場なら、デコレーションケーキをうらやましいと思うはずです。『いかようにもアレンジできる自由があっていいわね』と。

よく家柄を妬《ねた》んだりする人がいますが、名家に生まれたら生まれたで苦しみがあるのです。「家と決別したい」「家から逃げ出したい」というような話は山ほど聞きます。隣りの芝生は青く見えるので、そういったところでみんな勘違《かんちが》いをしているのです。

自分を生かすには、人と比べたらダメなんです。自分自身をしっかりと見つめる以外には生かせません。

誰もがそれぞれ生まれ持ったスポンジに、〈運命の法則〉によって自分の手で最高のデコレーションを施《ほどこ》していくのが人生です。最高の人生にしたいなら、その過程において、自分という素材を吟味《ぎんみ》し徹底的に知っておくことが何より大事なのです。

人生は舞台のようなもの

よく〈因果（カルマ）の法則〉を恐れる人がいます。罰が当たるように捉《とら》えて、悪いことが起きるとすぐにカルマのせいにする。それはまったくもって捉え間違いです。上っ面しかわかっていない人の考え方です。

〈因果（カルマ）の法則〉は、愛の法則です。親切な法則であり、感謝の法則でもあります。鏡の役割を果たして、自分で自分の素材や姿が見えるようにして

くれるわけですから、とてもありがたいことなのです。

鏡で見せることを意地悪とは言わないでしょう。罰が当たるという感覚もお門《かど》違《ちが》いです。

身に降りかかってくる事柄は、自分を映し出しているにすぎません。だからこの世に偶然はなく、必然であると何度も申し上げています。責任の主体はすべて自分にあり、何ひとつ人のせいにはできません。たとえそれが自分自身には何の落ち度もなく起きたように見えることでも、そこには何らかの必然性があるのです。

宿命は変えられないものだと言いましたが、厳密に言えば変えられないという言い方には矛盾があります。なぜなら、宿命はその人の人生のテーマであり、カリキュラムでもあるからです。「こういう学びがあったほうがいい」となれば、そこでカリキュラムが加わることもあります。

もう一つ大事なのは、俯瞰《ふかん》して見る自分を持つことです。さきほど、自分の人生を決めつけてはいけないと述べました。でも、ある意味でこの世を舞台としてとらえ、壮大な脚本家的視点を持つべきでもあるのです。

この世を生きるいまの自分を見つめると苦しくなることもあるでしょう。みんな不老長寿《ふろうちょうじゅ》、それどころか不老不死《ふろうふし》まで求めますが、延々《えんえん》生き続けるというのは実はスパイライルにはまったように恐ろしいことです。やがてふるさとに帰れるというたましいの安らぎがあるからこそ、今生《こんじょう》を楽しむことができるのです。あくまでもいま生きている日常は舞台。そう考えれば、死というのは恐れるものではないのです。死があるからこそ逆に、思い切り自分を演ずることができると私は思います。

そうは言ってもこの世には、遣る瀬無《やせな》い出来事がいっぱいあります。たとえば愛する家族が殺されるというのもそうでしょう。そんなときには、「それも自分の

蒔《ま》いた種だというのですか」と詰め寄りたくなる気持ちはわかります。しかしながら、はっきり言うとそうなのです。物事は〈因《いん》・縁《ねん》・果《か》〉ですから必ず理由があるのです。

わからない人には、どうしても現世的な物質的価値観のヒューマニズムでとらえられてしまうため、私もこれまでは強く語ることがありませんでした。言ったところで伝わらないだろうとも思っていたからです。

私たちが「それではあまりにも気の毒だ」という見方をしたり、エセ人道主義にこだわってしまうのも、結局はこの世しか見てないのです。

モーツァルトのオペラは、たいがいはフィナーレでみんなが手をつないで歌いながら出てくるようになっています。いろんな出来事があるけれども、最後は「みんなでともに歌いましょう」と終わるのです。この世の尺度《しゃくど》だけ見ていると遣《や》る瀬無《せな》いことがいっぱいあります。しかし、私たちにもやがてそういう平安な日が

来ると考えてください。

そんな達観《たっかん》を得ることはすぐにはできませんし、そもそも難しいことではあります。けれど、あえてこの本では、そういうことがあるのだとお伝えしておこうと思います。

人生を修学旅行にたとえると

原点に戻って〈この世とあの世〉〈宿命と運命〉〈波長の法則〉と〈因果（カルマ）の法則〉をあらためてまとめてみましょう。

私たちはみな宿命を背負って生まれてきます。しかし運命はいくらでも変えることができるものです。あの世と呼ばれるたましいのふるさとから、私たちそれぞれの守護霊たちは、私たちがいかに運命に立ち向かっていくかを見守ってくれています。

ところが、霊的世界の好きな人は、霊的世界だけがすばらしく、反対にこの世は闇だと考えたりします。また、私たちが霊的世界の操《あやつ》り人形だと勘違いしやすいところもあります。そのために、何でも宿命的な事柄だと解釈したり、天罰が

下ると無闇《むやみ》に怖れたりする。しかし何度も言いますが、この世でどう生きるかはあくまで自由意志に任《まか》せられているのです。

それは、皆さんに小学生や中学生時代の修学旅行を思い出してもらえばわかることです。

中学生のときの修学旅行は、親や祖父母から餞別《せんべつ》をもらって、自分のふだんのお小遣《こづか》いを超える額のお金を持って出かけられる晴《は》れの場でした。いまの時代はわかりませんが、少なくとも私が十四、十五の頃は、親元《おやもと》を離れるのも初めてなら、自分のお金で買い物を自由にするのも初めてという小中学生は多かったはずです。

実は現世というのは、私たちに与えられている修学旅行先での自由行動を発揮《はっき》する場です。〈自由意志〉と〈運命の法則〉を使って「自分の力を試してきなさい」と、向こうの世界から送り出されて過ごす、ちょっぴり大人になるための時間な

のです。守護霊たちがある程度見守ってはくれますが、基本は、自分が持っている範囲のお小遣いで、どんな買い物をしようが自由でいいのです。

関東の中学生なら、修学旅行は京都だったという人がほとんどではないでしょうか。自由時間は班単位で新京極《しんきょうごく》に行ってみたりしたでしょう。その旅行中は、毎日のように家に電話をして、「これはどうしたらいい?」「おみやげは『おたべ』と『聖《ひじり》』とどちらがいい?」などとお伺《うかが》いを立てたりしなかったはずです。

もっとも、いまの時代は携帯電話がありますから、わざわざ親が子どもに電話をかけて「『おたべ』にしなさい」などと言うケースもあるかもしれません。そのように、何につけても「どうしたらいいでしょう」と、何らかの管理下に自分を置き、あるいは何でも神頼みで、自発性ゼロでも生きられないわけではありません。

しかし、それでは修学旅行の意味がないのです。学《がく》を修《おさ》めるという〈修学〉に

全然なっていません。

苦難をありのままに受け止めることができるようになったとしても、苦しさには変わりありません。それでも、一つ一つをていねいに考察していけば、人生は私たちにいっぱい自由を与えてくれていて、『これもあれも、結局は自分のためにやっているのだ』とわかってきます。すると、『なーんだ、自分はいままでわがままだったんだ』と気づけるはずです。

現世、つまり修学旅行の旅路でどんなことがあったとしても、「ただいま」と帰れば、「おかえり」と言ってくれる〈たましいのふるさと〉が私たちにはありますす。そのときにうれしかったこと、悲しかったことなど何でもみやげ話をすればいいし、お母さんに泣いて抱きつきたかったら抱きつけばいいのです。

俯瞰《ふかん》した視点を持つ

それに関して一つこころに留めておいてほしいのは、私たちの人生には、今生《こんじょう》で少しずつ自分の筋力を増強していけるように、場面場面で適切なカリキュラムが組まれているということです。

たましいの筋力の鍛え方は、いわゆる筋力トレーニングとやりかたは同じです。いきなり自分の筋力以上の大きすぎる負荷《ふか》はやってこないのです。それでは鍛えることにならず、壊《こわ》してしまうことになるからです。世間ではよく「越えられない苦しみはない」と言われますが、その通りです。耐えられないような、筋肉が切断されてしまうような負荷が襲いかかるということはあり得ません。

筋力を高めるときには、マシンでも少しずつ負荷を強くしていきます。そして、

そのつど筋肉痛が伴《ともな》うはずです。こころもまた、人生で味わう経験や感動に付随《ふずい》して、ときに筋肉痛を起こし、その回復とともに強くなっていくのです。

とすれば、自分には背負いきれないと思った苦しみも、パニックになるような問題が起きたとしても、それは乗り越えられるレベルの困難なのです。

そういうときは『自分ってなかなかの人間なんだ』『それなりの実力がついてきているのだ』と思えばいいのです。こうやって分析していくと、人生は何てすばらしいんだ、と見方が変わってくるのです。

呑《の》み込まれると「ああ、大変」とつらくなるけれども、大局的、客観的な視点を持って『何とかなる』と思うことも大切なのです。

私の書籍を読んでくださっている人を、ありがたいと思う反面、本当に私のメッセージをわかってくださっているのかなと疑問に思うところもあります。

中でも、〈因果（カルマ）の法則〉は理解のバロメーターになります。どう判断

するかといえば、人のせいにするかしないかです。もちろん、何でも人のせいにする人は論外ですが、いちばん多いのは、半分くらい人のせいにする人です。それは残念ながら〈因果（カルマ）の法則〉を熟知《じゅくち》したわけではないんです。すべては因・縁・果なのですから、本当に〈因果（カルマ）の法則〉を熟知している人は、何事も人のせいにしません。

神頼みは是《ぜ》か非《ひ》か

私たちの日常には、苦悩や煩《わずら》いがそこらじゅうに転がっています。大抵は人間関係の小さないざこざなど、取るに足りないようなことばかりです。ところが、ときに予想を超えた大問題が降ってくることもあります。どうにもならない大きな問題が目の前に立ちはだかると、誰でも思わず手を合わせます。

普段は信仰心のかけらもない人でも、苦境《くきょう》に陥《おちい》ると必ず神頼みをしてしまうものなのです。

ふだんは「神も仏もあるものか」と言いながら、困ったときだけ頼ってしまう。ずうずうしい話ですが、大らかな目で見てあげると、なぜ人は神頼みに走ってしまうのかがわかります。私たちは口では「霊魂なんて」「あの世なんて」と言いながら、その実《じつ》、人間とはたましいの存在であることを無意識のうちに感じ取っているからだと思うのです。

時折起こる大きな厄介事《やっかいごと》は、たましいの成長を促《うなが》すカンフル剤のようなもの。もしくは、大きな成長を欲しているたましいが引き寄せるホップ・ステップ・ジャンプです。突然人生の大きな問題が起きたときは、『これはたましいの進級試験なのだな』と捉《とら》えていけばいいのです。

たましいの進級時には、ひとことで言うと、絶体絶命《ぜったいぜつめい》だと思うようなことが起

きます。いまの時代に多いのは、事業不振、多額の借金、自己破産などでしょうか。まったく先の見えない状態です。

中でも病気はその最たるものです。「あなたは余命《よめい》半年の難病です」「生存率は五〇パーセントです」と宣告を受けたとき、人間のパターンとして、まず嘆くでしょう。不平不満を言うでしょう。

次に来るのが、物質界の現実的な手だてで何とか改善できないか、という行動になります。快復のために名医や専門病院を探してみるでしょう。

それでもうまくいかなければ、神頼みです。右に霊能者がいると聞けば頼り、左に祈禱師《きとうし》がいると聞けばすがりに行く。しかし、これもまた物質的価値を優先したかたちで乗り越えようとしているだけですから、本質的なたましいの変化にはなりません。

途中で何とかなったという例もあるでしょうが、いよいよどうにもならないと

いう段階まで進んでしまうこともあります。そうなったときに人はこだわりをなくします。本当に絶望すると、人はむしろ妙に明るくなることがあるものです。要するに我欲《がよく》を捨てるのです。『もうしようがない、死ぬしかないな』『ダメだというならあきらめよう』と一切の執着《しゅうちゃく》を絶ち、本当の自然体になるわけです。このときにたましいは成長し、きらきらと輝くのです。

そもそも、苦難がたましいのステップアップのための進級試験だとするならば、神頼みは無意味です。自分でどうにかするしかないのですから。

何より〈生きる〉ということは、『自分は霊的な存在なのだ』ということを思い出す作業でもあるのです。肉体という個の容れ物《もの》の中に入ると、自分がスピリットであるという感覚がぼやけます。この容れ物だけが自分だと思ってしまうのです。けれども、先ほども申しましたように、そのことを理屈で理解するには限界があります。

理屈は一つの参考書です。スポーツのルールブックやマスターブックを読んだだけで、一流選手になった気になるのはおかしなものです。実際に練習を重ね、試合をたくさん経験して身《しん》・技《ぎ》・体《たい》を磨かなくてはいけません。医学部を卒業したからといって、すぐさま患者さんを診察できるわけではありません。インターン生活を経験し、知識に実践が伴《ともな》わなければ、本当の意味での医師にはなれないのです。これはどんなことにも言えると思います。

頭でわかったつもりになっても、それはただの知識にすぎません。スピリチュアルな世界も、大切なのは感じること。たましいでしか本当の理解はできません。ところが最近は、スピリチュアリズムに関心がある人も頭でっかちというか、理屈先行で、実践が伴ってないことが多いのです。理論は雄弁《ゆうべん》に語れるのに、現実の部分では全く行動ができていない。私はそのことをとても危惧《きぐ》しています。

生きるということは、知識を得たらそれで上がり、というものではないと思い

ます。いろんな経験を積み、その経験を鏡として映し出される自分の姿を見て、たましいの存在をより深く理解していく。そのプロセスを生き抜いてほしいのです。

奇跡

たましいの成長をもう少し難《むずか》しい言葉で言うと、〈小我《しょうが》〉から〈大我《たいが》〉の愛への近づきとなります。

〈小我〉というのは自分個人だけをかわいがる気持ち。端的《たんてき》に言えば自己愛です。大我というのは自分を捨てるということ。全体のことを考えるようになること。無償《むしょう》の愛です。『ああ、もうダメだ』となったときに物質的な欲は雲散霧消《うんさんむしょう》して、自分のことより家族に対して何かメッセージを残したい、社会に対して何か

最後にできることはないかなど、執着がなくなるのです。

そこでまだ物質中心主義的価値観に凝《こ》り固まっていると、『死ぬなら、財産は誰々に贈与《ぞうよ》しよう』となってしまいますが、それを超えると、『何もいらない。なるようになればいい』と吹っ切れるのです。

もちろん許されることではありませんが、何か大きな反社会的行為を起こしても、きちんと悔《く》いて小我を捨てるなら、その先に学びはあります。たましいの視点からすると、膿《うみ》を出し切り、一段階上がろうとしているのだろうと思います。

人生のトラブルや病気や事件……何らかの負の経験を経て、わだかまりや迷いなどを捨てたときに、ときにその人の周りで奇跡のようなものが起きることがあります。病が癒《い》えた、潰《つぶ》れてしまった事業が別のかたちで復活した、人生の再挑戦ができたなどです。

奇跡というとみんな神頼みをして聞き届けてもらうというイメージを持つよう

です。だから何かといえば神頼みをして、『守護霊さん、こうしてください』『守護霊さん、ああしてください』と頼ろうとします。ですが、小我、つまり欲の固まりで祈っているときの波動は粗《あら》い雑念でしかありません。波動が低くて、とても高次元の霊界にいる守護霊にまでは届かないのです。

ところが、『もう何もいらない』『私はこれで充分だ』と無欲なこころになったときに、祈りをしなくてもその波動は高次元の霊的世界につながります。すると「よし、おまえがそこまでわかったのだったら」と、結局は波動に合った形で救ってくれるのです。

病気だったら、名医に巡り合うといった新たな人間関係に結びつけたりしてくださいますし、病気に限らず、どん底にいるときのある人との出会いがいい方向に向くきっかけになった、というケースはよく聞きます。捨《す》て鉢《ばち》な意味ではなく、『もういいのです。私は裸になります。自分以上にも以下にもなれません』と無《む》

一物《いちぶつ》になったときに、奇跡のようなかたちが起きる。

しかしながらこの世には、奇跡というものはありません。奇跡と見えるものも、つまるところ因・縁・果なのです。

絶体絶命になったとき人は抜け切った気持ちになります。そうして執着を捨てると、波動が高くなります。波動が高くなれば、霊的世界の高次元と結びつくことができます。

そのとき人はどうなるかというと、本当の神を見るのです。そういった人は、物質中心主義的価値観から完全に変わります。たとえば病気や事業の失敗など窮《きゅう》地《ち》を脱《だっ》した人が、それまでの人生と生き方をがらりと変えて、「これは拾《ひろ》った命ですから」「余生《よせい》だと思っていますから」と社会貢献に尽力《じんりょく》するようになることは少なくありません。それはやはり神を見た人なのです。

人生はこの繰り返しなのです。実践《じっせん》によって神をもう一度見いだすことができ

ます。行動から神を見ることは、理屈で神を見るより強いのです。実践に勝《まさ》るものはなしです。

理論より実践が大切なのは大前提としても、こういうスピリチュアルな本を読んだり、知識を学ぶこともすごく大事です。なぜかというと、理論は、実践の中で気がついていくことをより円滑《えんかつ》に理解するための方法だからです。

奇跡を目の当たりにしたとき、人間はそこで、この現世だけでは説明のつかない、何か大きな力が働いていることを感じます。苦難を乗り越えたときに、この世で測《はか》り知れない何かがあるのかもしれない、千載一遇《せんざいいちぐう》のチャンスや偶然の出会いの中にも何か意味があるに違いない、と思うわけです。

その気づきはとても大切ですが、ときに大きな誤解が生じることがあります。

それは何かというと、神という存在を絶対として崇《あが》めてしまうことです。そしてこの世を神と自分、この二つの存在で二極化してしまうことです。それ以外の

他者に対しては全くの凡夫《ぼんぷ》としてしか見なくなります。

たとえば、戦火をくぐり抜けて生き残った人の中に、神仏は大事にするのに人に対してはすごく冷たいタイプがいます。神社仏閣にはいくらでもお金を寄進するのに、困っている人にお金を貸すのは一〇〇円でもイヤという性根《しょうね》の意地悪な人。

もちろん神さまを大事にするのはかまいません。しかし、神さまの前ではいい子ぶって、他人にはまったく奉仕しないというのは問題です。

ところが体験から理論を実感し、本質的な理解へ進むと、神が絶対的な存在なのではない、みんながともに生きているのだと、人のありがたみへも思いが至《いた》るようになってきます。

そうした学びにも段階があります。一足飛びにはいきません。生かされている自分、そしてみなも同じ神の子なんだということに順番に気がついていくはずで

す。すると神と自分の間にある信仰心という考え方より、より大勢への思いやり、博愛主義というか、類魂愛《るいこんあい》の方向へ結びついていくと思います。

家族でもたましいは別々です。家族関係とは一つの学校のようなもので、たましいの家族＝類魂（グループ・ソウル）とは違います。そんなことも体験が理論を補強してくれるからより早く気づけるのです。

執着《しゅうちゃく》を捨てる

これまで見てきたように、この世にある苦難、そのおおもとはシンプルに言うと〈執着〉です。病気や金銭問題は、苦難の一例でしかありません。

たとえば病気が苦難に思えるのは、元気に飛び回っていたいという執着からです。『死にたくない』という、この世への執着もあります。お金のこともそうです。いつもおいしいものを食べていたい執着。いいものを着ていたい執着。いい家に住んでいたい執着。すべて執着によって作り出されています。

よくみなさんが「そこそこでいいんです」「自分が食べていくお金だけ稼《かせ》げれば」と言うのを聞きます。もし「あなたの『そこそこ』とは犬小屋くらいでもいいという意味ですか」と尋《たず》ねれば、おそらくイヤだという答えが返ってくるでしょう。

すごくぜいたくな「そこそこ」です。美辞麗句のウソつきだと思います。ある意味、人類愛の欠如《けつじょ》です。

いつも思うのですが、『自分だけ食べられれば』というのはとてもケチくさい考えです。自分の食い扶持《ぶち》だけ稼ぐのではなく、人の分も稼いで、貧困に喘《あえ》いでいる貧しい国にどんどん寄付をすればいいのです。お金が要《い》らないなら、捨ててもいいではないですか。「そこそこ」なんて偽善なのに、一見《いっけん》、謙虚に響くから不思議です。

「死後の世界を私は信じます。だから私は死んでもお墓はいりません。海に散骨《さんこつ》してくれればいいんです」というのもよく聞く話です。これだって散骨という執着です。

一見美談のように聞こえますが、いろいろな人が自分勝手に骨を海に撒《ま》けばどうなるか。いきすぎれば、生態系に影響するかもしれません。

美容室で切った髪の毛は捨ててもいいのに、骨は捨てたくない。海に撒いてほしい。それは、まさに執着でしょう。

誰かのエゴのために海を汚されるのはいい迷惑です。執着がないというのなら、マグマに到達するまで穴を掘って、どんどん投げ捨ててしまえばいい。火山に投げこんで一瞬で灰にしてしまえばいい。それが本当の執着のなさなのです。

つまり、「私は執着はありません」と言う人ほどあやしいのです。人間というのは弱いもので、剝《は》いでも剝いでもまだこんなに執着があるのかと驚くほどです。

本当に執着がないというのは、常に弱者の味方として生涯を捧げたマザー・テレサや、アウシュヴィッツで他の人の身代わりとなり、餓死刑に殉《じゅん》じたコルベ神父のような人を言うのです。

そういった意味では、執着が私たちの暮らしを苦しめているとも言えます。執着がなければ自由を得られます。怖いものが一切なくなります。お墓だって、つ

くればまた不自由を感じるものです。いっそなければ気楽なのです。もちろん、お墓がないからせめて散骨を……などと考えない方がずっと楽なのです。

執着しないことを本心から理解している人には、墓はいらないものでしょう。執着するから墓が必要になる。ですから、供養というのは未浄化霊《みじょうかれい》のためにあるということになります。もっと言うと、私たち、現世側が供養《くよう》されなくてはいけないのです。

誤解してほしくないのですが、考えようによっては死んだ人は幸せなのです。執着から解き放たれたわけですから。病気もない、お金も必要がない。たましいのふるさとへ戻っただけですから、死者は決して「かわいそう」な存在ではありません。看取《みと》られずに亡くなるなど、〈死に方〉においては「かわいそう」に思えることがあるかも知れませんが、それでも死そのものは「かわいそう」なことではないのです。供養をしたいと思う気持ちは愛です。その気持ちは大切ですが、

本当に浄化されるべきは、執着に満ちた私たちのほうなのです。

病気の成仏《じょうぶつ》、お金の成仏、人生におけるトラブルからの成仏。会社がつまらない、楽しい仕事がないなど、みんな成仏できていません。みんな生きた未浄化霊、浮遊霊《ふゆうれい》が歩いているようなものです。お経は死者への弔《とむら》いではなく、自分に対して読むものだと言いますが、まさにそうかもしれません。

死んで、まだ霊界に行けない人たち、幽界《ゆうかい》に入れない人たちは困っています。その人たちは供養してあげなければいけませんが、本当に供養が必要なのは私たちのほうだと思うのです。

それなのに何をはき違えたのか、りっぱな仏壇が必要だ、大きな墓を建てなければ、などと考える。それはそれでいいかもしれないけど執着なのです。土は赤《あか》土《つち》で、方角はこちらで、というこだわり。

私は、お墓で成仏が決まるんだったら苦労しないよ、と思っています。形では

なく、そこにどのような思いを込めるかが大切なのです。

執着を拭《ぬぐ》い去るのは大変です。執着をなくせば自由を得られます。執着を一つ一つ拭い去って本当の自由を得るために人間は生きているのです。言葉を換えれば、〈執着を捨てる〉ということでしょう。

苦難の乗り越え方は、執着を捨てることと同体です。テーマは一緒なのです。そうなれるかどうかは、経験と感動の積み重ねにかかっています。たましいの柔軟性によって、どこまで自分がそうなれるかがポイントなのです。

第二章　苦難の乗り越え方

病という苦難

人生で私たちはさまざまな苦難や試練に出遭《であ》います。それはたましいの学びですから、修行のチャンスを与えられたということになるのです。

しかし、現世的に言うと、確かにつらいことではあります。苦難の中でもいちばん大きいものは病気でしょう。

病気には三つの種類があります。詳《くわ》しくは『スピリチュアル　セルフ　ヒーリング』（三笠書房　王様文庫）にまとめてありますので、そちらを読んでいただければと思います。

さて、その三つの病気の一つめは〈肉の病《やまい》〉。不摂生《ふせっせい》や過労から来る肉体の病気です。二つめは、〈思いぐせの病〉。その人の性格上の癖《くせ》や、考え方、ものの見方などの傾向を言います。思いぐせと肉の病は連動しています。三つめは〈たましいの病〉。これはその人が今生《こんじょう》で克服《こくふく》するべきテーマと関わっている、やや大きな問題です。ここでは、実際に病気としてあらわれる思いぐせの病について考えてみたいと思います。

この時代、強制労働などで肉体を痛めつけることはないので、肉の病で倒れることはほとんどありません。

代わって、思いぐせの病というのがとても多いのです。

思いぐせというのは体からのメッセージです。体調の悪いときに顔色が冴《さ》えなかったり唇が紫色になるのと同じように、肉体がたましいの状況をメッセージとしてあらわすのです。それが病を発症させます。

これは言葉を鵜呑《うの》みにして単純にとらえすぎると偏見《へんけん》や誤解を生むことになるので気をつけていただきたいのですが、ひと通り申し上げましょう。

たとえば、目が悪いということは、ものを注意深く見ないことのあらわれです。現実のものを注意深く見ないだけではなく、人の心も見ないとか、物事の裏側を見ようとしないなど、さまざまな意味が含まれています。

それから鼻の悪い人、鼻の病気は、ヘソ曲がりだったりひがみっぽいというところがある人に出やすいです。よく〈鼻つまみ者〉などと言いますが、鼻へ来るのは、すぐにメソメソしたり、どこかでクヨクヨしたりする人に出やすい。

耳が悪いのは、人の注意を受け入れないタイプに多いです。

吹き出物が出やすいのは不平不満が多い人。

ブツブツ文句ばかり言っている頑固《がんこ》者は、その不平不満がガンや腫瘍《しゅよう》になりやすいのです。

食道や胃や腸といった消化器系の病は、不満を抱えがちな人に出ます。物事を何でも「でも」「だって」と否定的に捉《とら》えて、未消化のまま抱えてしまう。消化できないのは、現実を消化できないことのあらわれなのです。腸が悪くなると排泄できません。悶々《もんもん》としていつまでも抱え込んでいるために、腸のガンになりやすいのです。

男性には腰痛が持病という人が少なくありませんが、腰は〈かなめ（要）〉でしょう。ここにトラブルがあるというのは、どこか踏《ふ》ん張《ば》りが利《き》かず、リーダーの素質がない傾向にあります。

女性には最近、婦人科の病気が増えています。思いぐせの病であれば、その中の一部ですが母性が足りないという場合があります。しっかり母性を持ちなさい、母性の視点で見なさい、ということです。

それから現代病とでも言えるほど多いのがアレルギーです。皮膚のアレルギー、

呼吸器のアレルギー。日本人はかなりの人が何かしらのアレルギーを持っています。アレルギーは、まさに言葉のとおり、この世を生きることに対しての拒絶反応です。『何か違う』『自分の生き方は本当はこうではないのではないか』『これが人間らしいということかしら』など、疑念に思っていることが反動としてあらわれるわけです。

また、喘息《ぜんそく》や呼吸器系のアレルギーは、ひがみっぽかったり、ヤキモチやきに多いです。

あと、過換気症候群《かかんきしょうこうぐん》になるのは束縛《そくばく》する人です。すべてを窮屈《きゅうくつ》に考えて締《し》めつけている。だから息苦しくなるのです。

そのように、思いぐせは体にネガティブな形で表に出てきます。病気は肉の病か思いぐせの病か、ふた通りの目線で見ることが大切です。

医学が日進月歩《にっしんげっぽ》とはいえ、医療的な面だけで治療すればいいということではな

く、突然病気になったとすれば、それは、『自分の病気は自分自身に何かメッセージを与えているのではないだろうか』と考えるときなのです。

一口に病気と言っても数限りなくあります。なぜその病気にかかったのかに思いをめぐらせてください。口ばかり達者で行動を起こさない根っからの怠《なま》け者には、臀部《でんぶ》におできができます。腰が重い人は、痔《ぢ》になったり、動けなくなります。人の悪口ばかり言っていると喉《のど》を悪くしたり、口内炎ができたりします。

それらの病気をいっときの対症療法《たいしょうりょうほう》で封じ込めることはできます。しかし、実は病気はたましいが発したメッセージですから、その人のもとに届くまで来ます。思いぐせから脱出して日常の実践に響くまで、同じ病気になったり、別の形の病気になったり、何度でもパターンを変えて指令が来るのです。ということは、自分の病気は自分で起こしているということなのです。

障害、難病をどうとらえるか

もう一つ、宿命的な病気があります。寿命もそうですし、先天的、後天的にかかる重い病気もそうです。たましいのカリキュラムの一つとして、もともと準備されていた負荷なのです。

先にお話ししておきますと、〈障害〉もまた、学びの一環《いっかん》なのです。〈障害〉は現世的な意味ではハンディキャップですが、霊的視点から見れば個性のひとつ。人の手を借りなくては生活しづらいという不便さはあっても、そもそもたましいのレベルで言えば、みな障害者です。何のハンディキャップも背負わずに生まれてくるたましいはないのです。

私は〈障害〉という言葉が好きではありません。ただそういう負荷を持って生

まれてくるか、病気のように後天的にセットしてあるカリキュラムかというだけの違いです。いずれにしても偶然はなく必然なのです。

難病も障害に匹敵《ひってき》する苦難、負荷と考えていいでしょう。リウマチや膠原病《こうげんびょう》など長く患《わずら》う病気は痛みも伴《ともな》うし、それだけでもつらいものでしょう。

不思議なのです、病気のあらわれ方は。これまで私はリウマチを患っている方に何度か会ったことがありますが、共通しているのは、こだわり出すとなかなかそこから離れられないという思いぐせがあることです。極端なことを言うと、見ず知らずの他人が赤信号を渡っても気にいらないのです。「別にいいじゃないか、その人は事故にでも遭《あ》ったときに気がつくんだから」と突き放して考える余裕がない。

一概《いちがい》には言えませんが、リウマチのように関節に来る人は、生真面目《きまじめ》でいい人で、ものの考え方が四角四面《しかくしめん》の人が多いです。免疫《めんえき》的には自虐《じぎゃく》的な病気といえる

かもしれません。人間、時には人に甘えたり、許したり許されたりすることも大切というメッセージなのです。

実は寿命にも思いぐせは関係しています。寿命は宿命として自《みずか》ら決めたものですが、思いぐせから病になり、寿命を縮めてしまうこともあるわけです。

余命《よめい》半年と言われたときも、学びとしてとらえるなら、その半年をどう充実させて過ごすかと考えることができるでしょう。障害でも病気でも、大切なのは、メッセージに気づくことです。受け止めていくことなのです。

無責任に聞こえるかもしれませんが、弱い部分を持っている人のほうが人間的に魅力が深いことがままあります。体が健康で何の悩みもありませんという人は、案外と人間として底が浅かったりするのは皮肉なことです。病気になってはじめて見えてくることがあります。それはたとえば、人としての弱さを受け入れることであったり、周囲の愛、いたわりに気づくという学びなのです。依存《いぞん》に傾《かたむ》いて

はいけませんが、甘えることを許すのも、時には必要です。

思いを込めて生きる

ときどき誤解されているなと思うのは、「江原さんの言う『病はメッセージ』ということを理解して、自分の思いぐせを直したつもりなのですが、いまだに病気が治りません」という言葉を聞いたときです。そして、「まだ何か気づいていないのでしょうか。気づきが足りないのでしょうか」と質問されます。しかし、わかったからすぐにでも治ってくれというのは、打算的な考え方だと思います。『気がついたから早く治る』という発想こそが、物質中心主義的価値観です。

霊的世界から見るならば、当人が理解できていることがわかっても、なお時間をかけるということがあります。長く療養《りょうよう》することがメッセージだったりするわ

けです。それを忘れてはいけません。

また、頭では理解したつもりでも、人から「あなた変わったわね」と言われるくらいでないと、本当に変わったとは言えないのではないでしょうか。ひとりよがりに「理解した」と言ったところでダメなのです。

変化のバロメーターはただ一つ。真にスピリチュアリズムを理解した人は、その人の行動自体が変わってきます。実践が加わるのです。

この世の価値観で見れば、病気や障害を、最初は不幸と思ってしまうでしょう。しかし、そうやって短絡的《たんらくてき》に幸不幸を決めつけてしまうのは、メッセージを受け取るチャンスを見逃してしまうこと。一概《いちがい》に幸不幸で語るのはむずかしいのです。

たとえば死に至《いた》ることがいちばん不幸かというと、霊的視点ではこの世の価値観はすべて逆さまになりますから、死は里帰りです。幸せなはずです。現世では「かわいそう」となることが、霊的視点を持つと、命の長さではなく「思いを込

めて生きる」ことが大切だとわかってきます。

本気で病を癒《いや》そうと思ったら、まずその病を理解しようという方向に心を向けることです。『薬でどうにかしよう』『この治療法でどうにかならないか』というだけの対症療法では、せっかく味わった苦悩の経験も無駄にしてしまうことになります。苦しさの中に、何らかの感動を見いださなければいけないのです。

臓器移植は許されるか

スピリチュアリズムのことを考える人でも、どこまで延命治療《えんめいちりょう》をすべきかという問題になると、曖昧《あいまい》になってしまうことがあります。スピリチュアリズムの定義は人によって違いますし、命をどう操作するのはよくてどうするのはよくないかは、スピリチュアリズムをもってしても微妙な問題だと思います。

私のスピリチュアリズムからすれば、現世で発達してきた科学、医学の進歩は人間がつくり出したものですから、延命治療もある程度は甘んじて容認する必要があるとは思います。ただ、抗ガン治療をするのだって、どこまでも徹底してしなさい、体中チューブだらけにしてもしなさい、とは言いません。けれども、見込みが少しでもあるならば、それをやるしかないでしょう、ということです。延命治療をするか、しないかの見極《みきわ》めとして一つ言えるのが、その病気の段階が初期なのか終末期なのかという点です。初期で治療によって完治が見込めるのにそれを受けないというのも、自分たちがつくり出した進歩にそむくことになるのです。

こうした思い煩《わずら》いをどう引き受けるかも、私たち人間のカルマです。ただ私なりにお答えするならば、判断のはかりは〈動機〉にあるということ。すべては自分の思い次第なのです。その動機の中の差別化が、〈逃げ〉か〈卒業〉かです。

これについてはあとでまたお話しします。

ところが、最初から命を放棄《ほうき》する人がいます。自殺がそうです。また、延命治療についても、美辞麗句を並べて「どうせ私は助からないから治療は受けません」と言う人がいます。完全に末期で、「余命《よめい》三カ月」と宣告されて「延命はしなくていいです」と言うのとは別です。もしも、「まだ中期ぐらいで、可能性としては手術してもフィフティ・フィフティですね」と言われたら、甘んじて受けるべきです。やってみなければわからないという場合もあるでしょう。

延命がいけないということなら、盲腸の手術もできません。手術すればすぐ治るのに、わざと放っておいて腹膜炎《ふくまくえん》になるなんておかしな話です。医学の進歩によって命のコントロールをし、人類は長生きになってきたのです。

延命を望んできたのは私たち自身です。自分たちが自由意思でつくり出してきたものですから、それに伴《ともな》うジレンマには責任を取らなくてはいけません。

反対に、「そうやって延命すること自体が人道に反するのではないか」と言う人もいる。しかし、長生きがすなわち幸せと誰が決めたのでしょうか。長生きできる分、苦労も伴います。得るものがあれば失うものもあり、失うものがあれば得るものもありです。だからみな同じ、平等なのです。

そういった意味では、私は、延命策も輸血も反対はしません。ただ、延命治療の中には臓器移植《ぞうきいしょく》がありますが、臓器移植については、基本的に私は賛成ということはできません。

どうして賛成ではないかというと、臓器というものを人間のパーツとして捉《とら》えているからです。物質中心主義的価値観で捉えてはいけないのです。それに警鐘《けいしょう》を鳴らしたいのです。

ただ、臓器移植をするのを悪いとは言いません。臓器移植ができて、それで生き延びる人もいるでしょう。これもいいか悪いかは動機次第《しだい》なのです。

大切な家族なら、やはり長生きしてほしいと思うでしょう。それは一種の執着ではあるけれど、大切なのは動機に愛があるかどうかです。ただ、どんな治療法をもってしても、死ぬときもあります。それが寿命というのなら、助かる可能性は低いでしょう。

臓器移植手術のために赤ちゃんをアメリカの病院などに連れていくケースがあります。みんなが赤ちゃんに『長生きしてほしい』と願い、自分自身の思いで募金してくれる。祈りを形にしたわけですから、そういう気持ちに感謝して受け取ることが大事です。霊的真理こそ絶対だといったところで、大勢の人たちが人のために何とかしたいと思った動機のほうが貴重なのです。肝心なのは動機。方向性や結果は二の次です。

そして、その動機は、〈逃げ〉か〈卒業〉かを見きわめることです。これについてもあとでお話ししますが、〈逃げ〉には逆逃げもあります。『死にたくない』と

いうのが逆逃げです。しかし、動機に『もっと多くの経験を積みたい』ということがあればよいと思うのです。

臓器移植で問題なのは、物質中心主義的価値観によるパーツの交換ということです。これは、お金のある者がお金を出して臓器を買う、人身売買というような恐ろしい世界につながっていきます。

肝臓が壊《こわ》れてしまったから取り替えようという安易《あんい》さでは、自分へのメッセージがわからなくなります。メッセージを受け取ること、すなわち内観《ないかん》ができなくなるのです。

まずは病に至った原因を見つめることです。いろいろなメッセージを受け入れたうえでの方法として臓器移植があるならば、それは一つの選択肢《せんたくし》だと思えばいいのです。

不妊症について

最後に、病気ではありませんが、不妊症《ふにんしょう》について考えたいと思います。

現代では、懐胎《かいたい》の方法ひとつみても、体外受精などいろいろあります。

スピリチュアル的にはすすめられることではないとも言えますが、だからといって、頭で『いけないことだ』と決めつけ、背伸びする必要はないと思っています。私たちは泣き笑いする感情があります。そういう感性に学びのヒントがあるのですから、一気に背伸びしたようなことをするほうが無機質でよくないと思います。

私はそういった事柄一つ一つを、スピリチュアリストが自分の解釈でいいとかダメとか判断するのはよくないなと思っています。感動も感性も無視して決めつ

けるのはいけないのです。

私たちはむしろ自分の動機がどういうものかを大切にすべきです。もしどうしても子どもが欲しいと思うのであれば、不妊治療をするのもいいでしょう。それで授《さず》かる人もいます。その執着《しゅうちゃく》があまりにもいきすぎていたら、不妊治療をもってしても子どもを授かるのは難しいかもしれません。ただしそのときは、〈授かる、授からない〉という結果だけを見るのではなく、どうしてそこまで執着するのか、その〈心〉、〈動機〉を内観したうえで真摯《しんし》に受け入れるべきです。

スピリチュアリズムの理論で言えば、できないものを無理してつくろうとするよりも、すでにこの世の中にいるたくさんの子どもを育てることに目を向けていただきたいと思います。親のない子はいますし、肉体ではなくたましいのつながりが大切なのですから、大人がそうした子どもたちを養子にしたりして育《はぐく》んでいくのが一番の理想だと思っています。

ですが、私が不妊治療などで子どもを人工的に産もうとするのを「いけない」と言わないのはなぜかをお話ししましょう。

ある私の知人は、体外受精をしてお子さんを持ちました。そのころに何度かカウンセリングやヒーリングをさせていただいて、私は授《さず》かるとは思っていました。けれど、背伸びはさせたくなかったんです。人工的手だては使わなくても大丈夫だと思っていましたが、それは止めませんでした。そして実際に子どもを授かりました。

つい二年ぐらい前だったと思います。その方が私にこう話してくれました。お子さんが通っている習い事のクラスに、あるご夫婦がいるそうです。そこのおうちは、お父さんが外国人でお母さんが日本人。子どもさんが二人か三人いらっしゃるのだそうですが、実は全員が養子なんだそうです。

その方はその家族を見て、「すごくいい家庭なんです」とおっしゃる。「自分は

授かるための努力をして子どもを持ったけれども、ああいう親子を見ると、必ずしもそういう努力をする必要はなかったのかな。養子をとって生きる、あの親子の愛情に自分は勝てるだろうかと思うぐらい考えさせられた」と。

私は、それで成功だと思っています。人工的に授かったか授からなかったかではなくて、現にいまお子さんを育てているわけだし、不妊治療だったから罪だとかそういう問題ではないのです。つまり子どもを持つ形で乗り越えられた。持たない形で乗り越えるケースもあるでしょうし、授かって初めて乗り越えられるという場合もある。

大切なのは、いまは彼女の中に偏見がなくなったことです。『養子という手だてもあるんだし』という見方ができるようになったのです。

世間の人たちの執着は、養子だと相続はどうなるのかとか、血がつながっていないと愛情を持てないのではないかとか、すごく物質中心主義的価値観になって

います。そういう考え方のほうがよほど問題です。

最近は子どもを授かるのにも、「あの人は持ってるのに」とまるでブランドのバッグみたいに欲しがる人がいるでしょう。子どもを持たない学びにいるのに、そんな人が子どもを持ったらお飾《かざ》りになってしまいます。現に、お飾りにしている人もいっぱいいるではないですか。

逆に、子どもを多く産んだ女性に「そんなに子どもを次々に産んで、きちんとひとりひとりに手をかけ、愛情を注げるのか」という言い方をする人もいます。しかし、子どもがいるいない、多い少ない、それはそれで学びなのです。

最初に申し上げたように、人と比《くら》べてはダメなのです。ひとりひとり学び方の方向は違います。右からの入り口もあれば左からの入り口もある。

苦難のすべては、執着を絶ち、自分自身が解放されて自由を得て、愛を学ぶためにあります。生まれてきた以上、人類みんなに対してさまざまな愛情を持って

見ることができる、そのたましいの成長こそがいちばん大切なのです。

オーラを輝かせるのは経験と感動

病気のまとめとして言うと、病気をして、その学びを機《き》に人格が輝いた人は大勢います。参考までに申し上げますと、白衣の天使として名高いナイチンゲールという女性がいます。あの人のいまに伝わる大活躍は、ほとんどが病床《びょうしょう》にいたときになされたことです。クリミア戦争に行ったころは健康で、献身的に看護を尽《つ》くしましたが、帰郷してからはあの方は長く病床にいました。床《とこ》に伏せりながら、『看護覚え書』を書いたのです。

たとえばナースコールはナイチンゲールが最初に考案したことです。もちろん文明の進歩につれてシステムは変わってきていますが、これは画期的《かっきてき》なことでし

た。病院食をつくったのもナイチンゲールです。それまでは病気療養中の人にとっては負担の掛かる食事をさせていました。看護士のレベルを上げ、それ以降の看護のあり方を変えました。看護学校ではいまだにナイチンゲールの考えを敷《し》いています。

言ってみれば、病気すなわち不幸ではないのです。もちろん病気がもたらす大変な思いはありますが、そこには負もあれば正もある。だから想像力が必要になってくるわけです。

いま私は『オーラの泉』という番組に出演していますが、その影響なのか、「どうすればオーラは輝くんですか」と聞かれることが増えました。それこそ物質中心主義的価値観です。『毎日何かを欠かさず食べて、こんなことを実行すれば、オーラが出る』と思いこんでいる気がします。

オーラというのは、その人の経験一つ一つが放《はな》つ光です。つまり、経験と感動の数が多い人ほどオーラは輝く。七色のオーラを放つわけです。

そう考えれば、オーラを磨くことは簡単ではありません。幽体《ゆうたい》のオーラは健康であれば放たれますけれど、霊体のオーラはたましいの人格をストレートにあらわします。オーラを豊かに輝かせたければ、それだけ多くの経験と感動、人が味わったことのないことを味わうこと。人のいいところだけを欲しいと思わず、その裏にある苦労をも引き受ける覚悟《かくご》を持ちましょう。

金銭上の苦難

金銭上の苦しみからの脱出は、ごくシンプルな問題です。

稼げない、お金がないと嘆《なげ》いて、「あの人はいいな」と人の懐具合《ふところぐあい》ばかり探っている人がいるけれど、それだけお金が欲しかったら、人の二倍も三倍も働けばいいではありませんか。嘆いている間に、稼《かせ》げばいいのです。

日本人のいちばんいけないところは清貧《せいひん》を善だとする思想でしょう。これは私は偽善者だと思っています。先ほど申し上げた「自分が食べる分だけ稼げればいい」と同じ、〈小我〉丸出しの考え方です。もしくは、お金持ちへのひがみで意固地《いこじ》になっているだけ。

健康な体があるのなら、貧《まず》しき隣人の分、病弱な隣人の分まで働いて稼いで、

どんどん寄付《きふ》をすればいいのです。日本人の奥ゆかしさはすばらしい美徳ですが、自分の口を糊《のり》することしか思い至らないというのは慎《つつ》ましさの履《は》き違《ちが》えだと思います。

お金を忌《い》み嫌うくせに、欲しがるというのはわけがわかりません。私は、「お金を貯《た》めたければ額に入れて飾りなさい」と言うのですが、そうすると必ず、「えげつない」と眉をひそめる人がいます。そういう人は、お金とは縁が薄くなります。お金をむき出しにして人にさしあげるのは失礼だから、ティッシュでもいいから何かに包んで……という人も、実はお金に対して謙虚さのかけらもない話。ティッシュでくるんで、「くれてやる」という傲慢《ごうまん》な態度を隠しているだけなのです。

そもそもお金は何も悪くありません。お金は突然パンパンと人の頬《ほほ》を張ったりしません。札びらを切るのは人。人の醜《みにく》い心であって、お札に罪はないのです。

実際、お金は自分が汗水《あせみず》流して働かなければ手にできないものです。努力の代

償です。私が一万円札を飾りなさいと言うのは、自分の努力の結晶を堂々と見て、『これは一円も無駄にできないな』と思って欲しいからです。決して〈縁起物《えんぎもの》〉として飾るといい、と言っているわけではありません。努力した結果いただいたもの、と自覚することが大切ですから、たとえば〈お給料袋〉をとっておく、といったことでもいいのです。大変な思いをして得たお金なのですから、いつもながめて、自分自身のがんばりに対してジーンと感動してもいいということなのです。

するとお金を大事にしようと思うようになります。死に金は使わずに、生き金を使うようになります。そうやって社会に還元《かんげん》すれば、お金はまた入ってくるようになります。「お金は回すもの」だという感覚を身につけることが大事だと言っているわけです。

お金自体を嫌ってはダメなのです。嫌いなものに『寄って来い』と思うのはお

かしな話です。

若い人で「ぼくは金持ちになりたい」「キャリアアップしたいんです」と言う人には、私は「どんどんやってごらんなさい。徹底してやりなさい」と励《はげ》まします。裏の道で稼《かせ》ぐのでは困りますが、そうでなければ存分にやるべきです。

お金を持っているだけでは充《み》たされないし、お金への執着や物質中心主義的価値観の虚《むな》しさを説《と》くことはできます。でもやってみなくてはわからないというのが本当のところです。人間は結局、実践なのです。お金持ちになってみてわかる。貧乏もしてみてわかる。両方とも必要な経験なのです。

いちばんよくないのは中途半端な貧乏です。貧乏、貧乏と口ばかりで、骨の髄《ずい》まで貧乏を味わったことがあるんですかと言いたくなります。その裏側にあるのは棚ぼた的な幸運を望む依存心《いぞんしん》だけ。愚痴《ぐち》るより働きなさい、ということです。

でも、結局のところ、お金持ちか貧乏か、というのもその人の〈心の映《うつ》し出《だ》し〉

という面があります。三十万円持っていることでお金持ちと感じる人もいれば、三百万でも足りないという人もいる。つまり、金額が問題なのではなく、それをどう使いたいのかという目的、動機によるのです。

感謝のこころが引き寄せるもの

よく、サラリーマンの場合は、「お金が欲しいと言ったって、給料は決まっている。残業手当がつくとかボーナスが増えるとか、そういう余禄《よろく》をもらわない限りは増えようがない」と文句を言っている人がいます。しかし、世の中は勤《つと》めている人が大半でしょう。決まった収入の中で心豊かに暮らしている人もたくさんいます。金銭しか考えないというのは、あまりにも想像力がないと思うのです。

自分でビジネスをしている人も、お金を稼げるか稼げないかは想像力によりま

す。ビジネスをしたいと思っても、残念ながらビジネスセンスのまるでない人も世の中にはいないわけではありません。そういう人は、どう考えても流行《はや》りそうもない、『なんでこんな店を出すのかな』と思うような的《まと》はずれなレストランを開いてしまったりします。

「これは本業でなくて余力で始めたものですし、やりたくてやった店ですから」というなら失敗してもいいのです。

ただ、知恵やアイデアだけで稼ごうとしてもお金は稼げません。本当に稼げる人は、まず、どうすれば人に喜んでもらえるかを考えています。事業家ですから、もちろんお金は欲しいわけです。しかし、成功している人は金銭欲だけが先行しているのではないのです。必ずそこに付加価値《ふかかち》、つまりサービスを加える努力をしています。

そのサービスには、やはり愛がこもっていないといけません。いかに相手を喜

ばせるか、貢献《こうけん》しつつ代償を得ているというだけのことです。

そうした〈何かを与える知恵〉のない人に限って、拝金《はいきん》主義だったりします。お金だけが欲しいのです。

『宝くじにでも当たらないか』『遺産でも転がり込まないか』と、考えるのはお金のことばかり。さらに、そういう人に限って感謝がないのです。

たとえば、人からごはんをごちそうになったら、一食分浮くわけです。せこい話だと言わないでください。その一食分は、目に見えないお金をもらったのと同じ。千五百円の食事だったら、千五百円もいただいたことになるのです。それを感謝しないでいれば、ごちそうしてもらえなくなるのも当たり前です。

たとえば、お礼を言うときにも、私は「ごちそうさま」を二度言うべきだと思います。その場で言って、何日かたってまた言うのです。あまりに計算ずくで言うのでは言われるほうもうれしくないでしょうが、計算だけで言えるものではな

いと思います。もちろん気持ちが入っていることが大事。すると相手は、『またごちそうしよう』という気になるのです。

ごちそうになったり、プレゼントをいただいたり、あるいは何かをしてもらったときの日本人の習慣に、半返しがあります。だいたい半分くらいの金品《きんぴん》を返すことを言いますが、いつも几帳面《きちょうめん》に、きちきちと半分くらいを返す必要はありません。でも、たった百円のアメでもいいから、「このあいだはごちそうさまでした」とお礼とともに差し上げるくらいの気遣《きづか》いは欲しいもの。それは手紙でもいいのです。「ごちそうになりました」と、手書きで感謝のメッセージカードを出すのもいいことです。心がこもっていれば、その百円は、そのカードは、相手の思いの中では千五百円に相当するのです。

相手が『やってあげてよかった』と思ってくれるかどうかは、突き詰めれば、人に対する想像力、感謝、思いやりがあるかどうかなのです。そういう感性があ

る人はお金持ちになれます。想像力のない人は、大金《たいきん》であれ小金《こがね》であれ、持てません。

貧乏は恥か

とにかく最近は、ちょっとお金がないことを苦難だと考える人が多いように見受けられます。

食べるお米もない、働きたくても体が動かないというような赤貧《せきひん》の状態であればつらいでしょうが、人に対して「すみません、助けてください」と言うことも学びなのです。

以前、生活保護も受けずに餓死《がし》した親子など、痛ましい事件がありました。生活保護を受けるなんて恥ずかしい、みじめだという価値観でいたのかもしれませ

んが、それを情けないと感じることこそ物質中心主義的価値観です。人と比べている証拠です。

生活保護の費用は税金から捻出《ねんしゅつ》したお金です。みんなの愛にお願いをして、『みなさんが働いたお金の中から、病気で働けない私を食べさせてくださってありがとうございます』と感謝するのは恥ずかしいことではありません。こういうときの依存がいけないとは一概《いちがい》には言えないのです。

多くの人が言う「お金がない」は、ほとんどの場合、単に想像力が足りないだけです。お金の貧乏はウソ。想像力が貧乏なのです。お金をかけないと幸せが得られないと思っているのが間違いです。

少し話がそれますが、ある雑誌でこんな手紙を読んだことがあります。「離婚をしてアパート暮らしをしながら三人の子どもを育てた。子どもは貧乏を理由にいじめられたことがトラウマになって、引きこもりになり、きちんとした教育も受

けさせられなかった」という恨《うら》みつらみを、文部大臣に訴えた手紙なのですが、これはまさに想像力の欠如だなと思いました。

六畳ひと間でも、その中に文化はつくれます。お金をかけなくても、自分なりの個性は表現できます。それを、「貧乏で恥ずかしい」「貧乏でごめんね」と親が子どもに言うから貧乏を悪いことだと思うようになるのです。

その手紙の方も、たとえ定職がなく一人十万円ずつしか得られないとしても、家族総動員で働いたら何十万かにはなります。親子でともに暮らせば、それなりに豊かに暮らせる額です。被害者意識に苛《さいな》まれて、心が貧乏になってしまっているんです。

お金持ちかどうかは、それぞれの主観によるところが大きいのです。百万円持っていればお金持ちと思う人がいれば、一千万円あっても足りないという人もいます。最終的にはその人の心の判断次第です。

...
San Mateo Public Library
650-522-7833

Phone Renewal ***650-638-0399***

Access your library account online at
https://catalog.plsinfo.org/patroninfo

Visit the San Mateo Public Library
website at ***www.smplibrary.org***

Number of Items: 4

Barcode:39047094810468
Title:880-02 Sekai kyfu ryok = World terror journey / i Yko.
Due:1/30/2016

Barcode:39047094809304
Title:880-02 Kfuku na hibi ga arimasu / Asakura Kasumi.
Due:1/30/2016

Barcode:39047094809338
Title:880-02 Eigo ga dekinai watashi o semenaide! = I want to speak English / Oguri Saori.
Due:1/30/2016

Barcode:39047094810575
Title:880-02 Sekando rabu / Inui Kurumi.
Due:1/30/2016

よくお金持ちの人が没落《ぼつらく》していまは貧乏だというケースがあります。昔の没落貴族などがそうです。おもしろいもので、その場合は意外と貧乏に見えなかったりするのです。おそらく想像力があって、貧しい暮らしを楽しんでしまっているとか、あるいは貧しいことを悲観的に考えないのでしょう。その精神は見習いたいものです。

ゴージャスな車に乗りたい、毎日ごちそうを食べたいというなら、自力で稼いでやってみればいいのです。何でもやってみなくてはわかりません。しかし、実際にやってみれば飽きるものです。毎日ごちそうを食べることが幸せではないと気づきます。それを知ることも経験と感動です。

挫折は新たな道に通じる

自分の夢に破れるという挫折《ざせつ》。これは若い人に多いと思います。『こんなに努力したのに報《むく》われなかった』という虚《むな》しさから、悲しさや悔《くや》しさなどいろいろな感情が湧《わ》くでしょう。しかし、もし叶《かな》わなかったのなら、それはやはり「あなたが歩むべきは別の道だよ」という示唆《しさ》なのです。そのことにできるだけ早く気がついたほうがいいと私は思います。

たとえば若い女性がキャビンアテンダントになりたいという夢を持っていたとします。試験を何社受けてもダメということもあるでしょう。受験資格には年齢制限があることが多く、制限ぎりぎりの最後の年になっても試験に受からなかったという人もいるでしょう。そうなったときは、思い切ることです。何も『私は

挫折した』と考える必要はありません。「自分を生かす道は別にある」というメッセージだと理解し、潔《いさぎよ》く諦《あきら》めればいいのです。

つまずきは、あらためて自分の本当に好きなことを見直すきっかけにもなります。自問自答してみるのです。キャビンアテンダントになりたいというのは、飛行機が好きなのか。だったら飛行機会社であればキャビンアテンダントという仕事でなくてもいいじゃないか。お客さまに何かサービスをして喜ばれるのが好きなのか。とするなら、バスガイドやホテルマンでもいいかもしれない……。あちらはカッコいいからよくてこちらはダサくてイヤ、という選び方は物質中心主義的価値観なのです。

そうした挫折は、私は苦難だとは思いません。失えば得るものがある。また新たに思いのままに考えられるわけですから、逆に自由になるのです。

何かになりたいという夢を持ってはいけないとは言いません。何か夢を描いて

それに向かって努力をするのは、若いころ誰もが通るべき試練というか、通過儀《つうかぎ》礼《れい》です。もちろん歳《とし》を取っていても夢を追うことはできますが、歳をとるということはある意味で諦《あきら》めることだという言い方もできると思います。一つずつ諦めていくことは一つずつ執着から解き放たれるということでもあるのです。ただ夢が叶わなかったとしても、落胆《らくたん》することはありません。「他に道がありますよ」、「あなたのよさを生かせることが他にありますよ」というメッセージなのです。

たましいを輝かせる仕事が天職

ただ、夢を追ううえで、してはいけないことが二つあります。

一つは、『絶対に日の目を見なくてはいけない』と思い込んでしまうことです。うまくいかないからといって変に意地になり、それに縛られるのがまずいけませ

ん。しかも、好きなことをまっとうしたくて、一方では豪邸も欲しくて……というように、二兎《にと》を追う願い方はいけません。

私はいつも言うのですが、仕事には天職と適職があります。食べるため、お金を稼ぐための仕事は適職。天職というのは、本当に心、たましいを輝かせるための仕事です。適職と天職を混同しているから、歌手になりたい、デザイナーになりたい、野球選手になりたい……など、夢に執着してしまうのです。

やりたい仕事に就《つ》けるかという〈結果〉に固執《こしゅう》するのも、実は物質中心主義的価値観です。たとえば役者志望の人がいて、「どうしてもやりたいんだ」と言いながらアルバイトで何とか食いつなぐような生活をしていて、結局は一生芽《め》が出なかったというケースもあるでしょう。

しかし、それが悪いことだとは思いません。その人にとって、売れなくても、つまりお金を稼げなくても、たましいが充《み》たされる喜びを感じ、それをすること

で人に喜んでもらえるなら、その人にとって役者が〈天職〉だということはあり得ます。

ですから、「まっとうに働きなさいよ」「いつまでやっているんだ」と他人が非難するのもおかしな話なのです。単に、自分ができないから妬《ねた》んでいるようにしか見えません。

してはいけないことのもう一つは、分《ぶん》をわきまえないことです。アーティスト志望の若者などが、自分の器《うつわ》などはまるで見ず、「○○さんのようになりたい」とそっくり先駆者の真似をしようとしてもダメなのです。

誤解しないでいただきたいのですが、夢や理想も、「分《ぶん》を知った上で描く」ことが大事だということです。みながみな大上段に構えた夢や理想を持たなくてはいけないということではありません。昔から〈分相応《ぶんそうおう》〉という概念《がいねん》がありました。

現代は、何をしてもいいんですよ、好きになさいという自由を得たよさがある

分、選択肢《せんたくし》も可能性もありすぎて、かえって困惑してしまう不幸もあると思います。大切なのは、分をわきまえ、自分の力量を見定めることです。何度も言うように、スポンジを見なさいということです。

ふつうのデコレーションケーキしかつくれないスポンジの上に、無理矢理何層にもクリームを重ねてウエディングケーキにしようとしても、アンバランスになるだけです。反対に、もともとウエディングケーキになれる素材を持っているのであれば、ウエディングケーキを目指すべきなのです。背伸びすることも、怠《なま》けることもいけません。

分相応というのは、自分に合った学び方があるということです。成功しきらびやかな人生を送ることだけがすばらしいわけではないのです。慎《つつ》ましく、ささやかな暮らしをする。そういう人生にもその人にふさわしい豊かさがあるということなのです。

今世紀までに創《つく》られた偉大な芸術の財産、特に絵画などは、世界的名画と評《ひょう》されるものでも、生前には評価されなかったものがいかに多いかを考えてみてください。貧乏のまま終わった人も多いですし、いまでこそ重要な文化的財産と認められるルノワールの絵だって、画壇にデビューした当時は「女の体とは腐った肉の塊《かたまり》ではない」と酷評《こくひょう》されたのです。

歴史に名を残す多くの画家たちは、『日の目を見たい』という思いより何より、ひたすら自分の芸術に対する信念に従《したが》って突き進み、パイオニアになりました。いま世の中で活躍している人はみな第一人者です。芸術に限らず、企業、事業、個人もみなそうです。人と同じでは絶対にダメ。二番煎《せん》じ、三番煎じで何となく生きていくことはできますが、それではやはり〈何となく〉止まりなのです。

何かを自分でやっていこうと思ったら、絶対に人の真似をするな、ということです。要素はとりいれる。けれど自分の手によって新しいものを創り出す。そこ

がポイントだと思います。

自分の見きわめ方

自分を見定めるときに大切なのは、周囲の意見を聞くことです。人の意見に耳を傾けないことがいちばん不幸です。

にもかかわらず、コミュニケーション不足の時代の弊害《へいがい》なのでしょう。情報というか必要なメッセージが入ってこないために、ひとりよがりのままという人も多いです。

ただただ貫《つらぬ》いていくという選択もできますが、その前に、もっと人の意見に耳を傾けて、才能があるかないかは見きわめたほうがいいと思います。見きわめのきっかけは、人から来るメッセージという場合も、自分の中から湧き上がってく

る場合もあります。メッセージを見落とさないことです。

一方では、才能があるのに芽が出ない人もたくさんいます。もっとも結果的に芽が出なかったとしても、才能があるから貫くという選択にはエールを送りたいと思います。檜《ひのき》舞台に立つだけがすべてではありません。

しかし、才能に恵まれていながら芽が出ないというのは、別な部分で何か問題があるとも考えられます。人間関係の築き方が下手、まったく妥協《だきょう》できないなど、変に自分の理想世界に凝《こ》り固まっているのかもしれません。ある程度何でもこなしてみよう、言われることを受け止めてついていこうという柔軟性も必要です。

いい先生に恵まれない人は、手厳《てきび》しい言い方ですが、人の話を聞く素直《すなお》さがないのです。小さい子でもそうです。「先生に恵まれない」という子にはどこか素直さがない。先生も人間です。従順《じゅうじゅん》になついてくる子どもに応《こた》えたくなるものだからです。

それぞれが持っている資質を見渡すと、いちばん優れているところから人並みなところまで、幅があるものです。いいところを見つけて引き出そうとするのも学びです。

私はこう見えても、美術を志《こころざ》したことがあります。なぜやめたかといえば、金銭的な問題もありましたが、いちばんの要因はごく簡単、才能がないと思ったからでした。

私は彫刻家を夢見て、美術の予備校に通っていました。よく予備校の友人たちと美術展に行きました。友人の中には、優れた芸術作品を目の当たりにすると泣き出す者もいました。私は、この作品がいい、あれは新しいムーブメントだなど評価することはできるのですが、思わず涙が出てしまうような感覚はわかりませんでした。むしろ泣くことが不思議でしたし、信じられない気持ちでした。

予備校では、成績はよかったのです。デッサンではいつもAをもらっていまし

た。それでも、器用ということとセンスは違うのだ、泣けない自分は才能がないのだと、自分にメッセージを突きつけられた気がしました。それであっさりと、美術には見切りをつけることができたのです。

学生時代はどうにかなっても、長持ちはしません。学校の優等生が社会の優等生になるかどうかはわからないもの。自分を厳しく見きわめる判断力は大事です。

第一、それで未練《みれん》なく諦《あきら》められること自体、才能がないことのあらわれではないかと思います。私はあるオペラ歌手に、「あなたは声がない。歌の才能はないからやめなさい」と言われたことがあります。それで一度は泣く泣く歌の道は断念しました。けれど、いまは歌っています。〝好きこそものの上手なれ〟ということわざは、ある種の真理をついています。

そこで話を戻します。分《ぶん》をわきまえるというのは、人と比べないで自分という素材を知ることだと思っています。自分は大根なのかかぼちゃなのか等身大に見

て、この材料はどういう調理法ならいい料理になるかということを客観的に見られる人は、自分の持ち味を最大に生かせるでしょう。この世の成功者はよきプロデューサーじゃなきゃダメなのです。

評判のいい魚屋さんは、きっと自己プロデュースが上手でしょう。行列のできるお寿司屋さんだって、努力や工夫を重ねてそうなっているのです。それをしっかりと理解することです。

ところが、いまは成功者の概念《がいねん》がすごく狭い。魚屋さんでも八百屋さんでもりっぱな人生をまっとうしている成功者がいっぱいいます。極端に言うと、きちんと生き抜いた人はみんな自分の築いた世界のパイオニアであり、成功者と呼べると思います。

私自身、これまで勉強してきたことも携《たずさ》わってきた仕事も、多くの紆余曲折《うよきょくせつ》がありかなり回り道もしてきました。しかし、その過程で得た知識はいろいろな

ところで生きています。だからムダだったとは思いません。たとえ遠回りに思えることであっても、必ず意味があります。その時は苦難に思えても後になってわかることはきっとあるはずです。

私の活動の表面的な華《はな》やかさだけを見て、『儲《もう》けやがって』と苦々しく思っている人がいるのも知っています。けれど、決してそんなにいいものではありません。国民の義務としては当然ですが、相応の税金を払いますし、お金はおろか時間だって自由になりません。

けれど、私は有名になりたいとかお金持ちになりたいという動機でやってきたわけではないのです。自分なりの使命感に則《のっと》って行動し、今日に至っています。

それこそ光のところばかり見て、闇を全然見ようとしていないから羨《うらや》むのでしょう。想像力のない人は、結局、人を見ても想像力がないし、自分についての想像力もないのです。

フリーターの存在、ニートの存在

働くということを考えるとき、一つの世界をまっとうする〈○○ひとすじ〉という人生があります。そのように一つのことだけをやるというのも大切ですが、いろいろなことをやれたら、それはそれで幸せだと思います。

若いころはフリーターも悪くありません。いろいろな紆余曲折があっても、最後に〈天職〉と〈適職〉を見つければ、過去の経験はすべて生きるわけです。

ただ、いまは〈逃げ〉でフリーターをやっている人も少なくないでしょう。学生がアルバイトをしなくなっているのも気になります。アルバイトは一種の社会見学なのですから、学生時代はいろいろするべきなのです。

かと思えば、ニートのように、ただただ無気力な存在もいます。

ニートというのは、かわいそうな子たちなのです。要《よう》は親が社会から何か言われたくないから、くさいものにふたをするようにお金だけ与える。問題さえ起こさなければいいからと、親自身が自分可愛さに子どもたちを甘やかしているのです。

いちばん悪いのは親です。子どもは何も変わっていません。本当に子どものことを愛しているのであれば、子どもに嫌われようが突き放すべきだし、もし子どもが犯罪を犯したとすれば、そこで人から後ろ指を指されることも甘んじて受けるべきなのです。それが親としての本当の愛なのですから。

それはそれで別の問題としてあるわけですが、ともかく、フリーターでもいい、まずは自分で自分を食べさせていくという〈適職〉の責務《せきむ》を負《お》うことです。

仕事がないというけれど、選ばなければ仕事はあります。〈適職〉を見つけられないのは、厳しい言い方かもしれませんが、怠け者なのです。「こんな仕事じゃイ

ヤだ」とか「これだけ稼げなきゃイヤだ」と思うから、そこで道が途絶えてしまう。私に言わせればその空白の期間が信じられないし、第一、何もせずに悶々と過ごしているなんてもったいないです。休むなら休むで何も考えない。そのあと区切りをつけたら、〈適職〉で働きながら〈天職〉と出合うチャンスを探せばいいのです。

責任主体の自覚はあるか

いまの時代、倒産や事業破綻《はたん》などに見舞われることもあるでしょう。ただ混同してはいけないのは、事業は失敗したとしても、それは人生の失敗ではないということ。精一杯努力したのであれば、恥ずかしいと思わなくていいのです。人生は、経験と感動がすべて。失敗からどう学ぶかです。

よく、落とし前をつけようとする人がいます。極端な場合は、責任感がありすぎて自殺してしまうケースもあります。あれはまったく的《まと》はずれな責任のとり方です。

「私が浅薄《せんぱく》で知恵が足りなくて、事業破綻しました。みなさまにもご迷惑をおかけしました」と素直に認めて謝罪して、勘弁《かんべん》してもらうのが、いちばん自然な引責《いんせき》だと思います。

恥ずかしいと思う心情は正しいのです。部下たちに申し訳ないと思う気持ちもわかります。でも倒産したとしても、社員たちはその会社をよしとして勤めていたのだから、経営者だけでなくみんなが責任主体なのです。そこまで人の人生に干渉《かんしょう》しようというのは単なる傲慢《ごうまん》です。また、「私の不徳《ふとく》の致《いた》すところ。面目《めんもく》が立たない」などという考え方も、単なるエエかっこしいです。

もちろん無責任にへらへらやっているような人間では困ります。無責任な人に

は当然、因《いん》・縁《ねん》・果《か》の法則によって責任をとるべきことが返ってきます。自分で蒔《ま》いた種は自分で刈りとるように決着がつくのです。

また、自分が経営者ではなく、一社員として働いていた場合どうでしょう。一流会社でも潰《つぶ》れてしまう時代です。大会社に入っていたのに倒産して、失業の憂《う》き目に遭《あ》う場合もないとは言い切れません。日本はいままで〝寄《よ》らば大樹《たいじゅ》の陰《かげ》〟といった依存的思想を何の疑いも持たずに肯定《こうてい》していたわけですが、そもそも何かにぶらさがっていこうというのが間違いです。個人事業者もサラリーマンも責任主体で、自分で責任を負わなくてはいけないのだという自覚がないことがおかしいのです。

実際、サラリーマンのときはサラリーマンとしての学びがあります。経営者には経営者の学びがあります。有給休暇、福利厚生、収入、上司や部下との人間関係の問題……どちらにもメリットとデメリットがあり、一概《いちがい》にこちらが損とか得

とは言えないはずです。隣の芝生を羨《うらや》んでばかりいないで、光と闇の両方を見つめることです。

事業の失敗を受け入れがたいと感じる中には、〈執着〉から来る問題も大きいと思います。たとえば、「うちはいままで何不自由なく暮らしてきた。娘は私立の学校に入れて、いいときもあった。でもここにきて突然貧乏になった」とします。そうなったときは儲《もう》けものだと思えばいいのです。一度とことん貧乏というものを味わってみることです。

そこでたとえば奥さんやお子さんが「お父さんは一生懸命やってくれたのだから感謝しています。これからはこれに見合った暮らしをしましょうね」と言ってくれるのなら、いい家庭です。いい育て方をしたわけです。

ところが、「恥ずかしいわ」というような奥さんだったら、それは愛情ではありません。奥さんは夫でなく物質と結婚していたわけです。

きます。

〝国破《くにやぶ》れて山河《さんが》あり〟。それも学びです。失ったときにいろいろなものが見えてきます。

そのとき大切なのは執着しないことです。執着は捨てる。うまくいっているときでも、いつもどこかで〈傍観者《ぼうかんしゃ》〉たる自分でいることです。

恋愛から学べるもの

まずお話ししておきたいのは、恋愛の苦難は感性の学びの場、結婚は忍耐や思いやりの学びの場だということです。

もっとも、恋愛の苦難は何てことのないものです。苦難のうちに入りません。恋愛は幼《おさな》いたましいでもできますが、結婚は大人のたましいでなければできません。そもそも試練のない結婚はありません。そういう意味で、基本的に恋愛と結婚は違います。

恋愛は感性の練習ドリルです。要するに、人を好きになって、相手にどう見られるだろうか、相手の心はいまどうなんだろうかと気になる。自分の行動や思いや言葉がすべて相手と向き合うことで跳《は》ね返ってきて、自分自身を深く見つめる

鏡になる。〈因果（カルマ）の法則〉が働いて自分を高めるチャンスでもある。もっとハイレベルな結婚の学びの前の準備体操をしているのです。

ですから、いくらでも転《ころ》んで、はしゃいだり泣いてみたり、いろいろやってごらんなさい。

ところが、いまはなかなかみなさん恋愛をしません。実は臆病なのです。玉砕《ぎょくさい》するのは恥ずかしい、傷つくのはイヤだと言う。妙に過敏《かびん》になっています。

恋愛というのは、ピザのドゥをつくっているようなものです。下地づくりです。粉は練《ね》りあげないと生地にはなりません。いい生地に仕上げるには、真剣に力を込めて刺激を与えて、しっかりこねていくことです。若い人たちはその段階ですでに悶々と苦しむのでしょうが、所詮《しょせん》まだ土台なのです。水やイーストを加えても、もまないでいると粉のまま。生地になっていないのでは食べられません。粉のまま出されても、ありがたくも何ともないのです。

恋愛は、あの世にはありません。この世でたましいを磨《みが》くために経験し、たくさんの学びを得ましょう。

人生の学びはすべて〈光と闇〉で語れます。物事にはすべてプラスとマイナス、ふたつの面があるのです。失恋した経験も、闇だけでは語れません。絶望的な悲しみを味わったから、次の恋が輝いて見えるし、大切に育《はぐく》もうという心も生まれます。両方を体験して、学びはいっそう強くたましいに刻《きざ》まれるのです。

結婚がもたらす試練

日本では大いに誤解されていることがあります。結婚すると一丁《いっちょう》上がりという考え方。結婚をゴールだと思っていて、そこでどっかりあぐらをかいてしまう。それでは結婚から学ぶことができません。

まず理解して欲しいのは、結婚しようがしまいが、どうたましいを磨いていくか、どう精神的に自立していくかが現世での課題だということです。

生きているのはあくまで本人です。夫婦になっても、自分で人生のセルフプロデュースをしなくてはいけない点は変わりません。お互いの人生にはそれぞれに責任があります。結婚はいわばそのためのコラボレーション機関。人生のすべてではないのです。

子育ても家事も、自分が取り入れるカリキュラムと考えることができます。

ところが、多くの人は、結婚というもの自体が意思を持っているかのように他《た》力本願《りきほんがん》になっています。だから「この結婚で幸せになれますか」「結婚生活がうまくいかないのはなぜでしょう」などと言うのです。

結婚した後もお互いに自立心を持っているほうが結婚生活によって絆《きずな》は深まります。長続きもすると思います。また、子どももそういう気持ちで育つと思いま

す。大人になるにつれ、親に依存《いぞん》しようとはしなくなります。

だいたい結婚に問題が起きるのは、分をわきまえない人に多いようです。自分をわかっていなくて、自立していない。そのため、亭主の文句をブックサ言ったり、居心地のいい家をきちんとキープできないとか、行き過ぎると子どもを虐待《ぎゃくたい》したりします。

いちばんいけないのは、家族に何か起きたときに母親がオロオロすることです。母親が太陽でなくては子どもは育ちません。

自立ということで言えば、私は女性も職業を持って共働きをしなさい、手に職を持ちなさい、と言っているわけではありません。専業主婦だってすばらしい、大変な職業です。実際、分相応と考えたときに、「この人には仕事と家庭の両立はできないだろう。それだったら結婚生活を選んで、誠心誠意家庭を大事にしたほうがいい」と思われる人もいるのです。仕事をしているから自立している、して

いないから自立してないという一元論では語れません。それは意識の問題です。ただ、かといって「私は主婦だし……」と、その立場にあぐらをかいて、テレビや新聞でニュースさえ見ない、というのはいけません。主婦業をしながら地域社会の中でボランティア活動をしたりするなど、バイタリティにあふれた女性は大勢《おおぜい》います。そういうふうに、実際に仕事をしないまでも、『私も社会の一員なのだ』という自覚を持つことが大切です。

離婚

そのように、結婚はひとりひとりの自立を必要とする、忍耐や思いやりの学びの場です。結婚をしたらある程度腹をくくることも必要でしょう。しかし、辛抱《しんぼう》や譲《ゆず》り合《あ》いは大事ですが、離婚がダメと言っているのではありません。離婚は離

婚でどう学びにするかです。

離婚したとき、「なんでこうなってしまったんでしょうか、私たち」とまったく思考しない人がいます。すべては必然です。たまたま離婚したのではなく、離婚に至るプロセスがあったはずなのです。自分の胸に聞いてみてください、と言いたいです。

あるいは、「私たちは別れる宿命だったんでしょうか」と聞く人もいます。開《あ》いた口が塞《ふさ》がりません。そうした考えに囚《とら》われてしまうような結婚は、おそらく最初の動機からして間違っていたのでしょう。夫と妻それぞれの生き方も間違っていて、結果的にそうなっただけでしょう。一連の事柄《ことがら》の意味を思考してほしいのです。結婚離婚以前に、まず自分の生き方ありきなのです。

あとの章でさらに詳しく述べますが、すべての判断は、〈逃げ〉か〈卒業〉かで説明がつきます。転職もそうだし、結婚もそう。離婚などは特にそうです。離婚

して幸せになったのは卒業した人。でも、屁理屈《へりくつ》をつけて離婚した人は逃げです。逃げか卒業かはあとで必ず判定がつくのです。

再婚して幸せになっている人もいっぱいいるでしょう。それは、前の結婚のあやまちを学びにして、たましいを磨いた人なのです。

〈逃げ〉の行動をした人は、次へ行っても同じことを繰り返します。すごく明確です。人生の切り替え地点には、あとで振り返るとカルマが見えるものです。人間はたいてい屁理屈をつけたがりますが、屁理屈を言うこと自体、自分自身に負けたのです。

〈卒業〉というのはどういうことかというと、内観ができていること。よかった部分も悪かった部分も含めて自己反省が全部できている。そうすると次には同じ轍《てつ》は踏まないのです。離婚して、そのまま独身生活を続けても再婚をしても、どちらにしても生き生きしています。

だから夫婦の問題にはあまり口を出さないで、結果を見ていたほうがいいのです。どちらが正しいか、傍目《はため》にはわかりません。偽善者《ぎぜんしゃ》もいっぱいいるし、みな自分は正しいと主張してやみません。

ただ、離婚したあとの二人の暮らしを見ていると、本当はどちらが正しかったか、すぐにわかります。ののしっていた相手が幸せになると、もう一人は「いけしゃあしゃあと」「ぬけぬけと」と言ったりします。そんな相手との離婚は、正解だったのです。前の結婚のときは素材を生かせていなかったけれど、本来はいい結婚生活ができる要素がその人にはあったのです。

ひと昔前ならいざ知らず、いまでも「いままでずっと主婦でやってきたので、自分では食べられないから離婚できません」という女性がいます。私はまったく同情できません。働いた経験がなくても、想像力があれば生きていけます。「何でもして働きます」と言えるんです。「主婦なんて」と自分を卑下《ひげ》するのは、主婦と

いう名のもとに、生きることを怠《なま》けてきた証拠です。

人間的に無力だから、代わりに主婦業をしていたわけではないはずです。主婦力万能な人は、秘書になってもプロデューサーになっても万能だと思います。主婦のプロは絶対に社会で自活できます。実際、主婦でも突然起業して、バイタリティあふれる活躍をしている人は大勢いるのですから。

戦後は、華族出《かぞくで》のお姫《ひい》さまだって貧しかった時代がありました。家事など一度もやったことのない女性たちが女手一つで一生懸命子どもを養《やしな》い、ものを売り歩いて生活を切《き》り盛《も》りしていたなんてこともあるのです。どれだけ気を入れて生きてきたかどうかです。結局のところ、人間力が勝負だと思います。

第三章　逃げか卒業か

〈逃げ〉か〈卒業〉かを見きわめよ

苦難を乗り越えるということは、その地点からの〈逃げ〉か〈卒業〉かを意味します。たましいの修行として望ましいのは、もちろん〈卒業〉です。つまずきながらもがんばって、苦しみを克服《こくふく》していくことが大事なのです。

それには、自分が苦難に対して〈逃げ〉で臨《のぞ》んだか〈卒業〉できたかの見きわめがきちんとできなくてはいけません。

これまでも少しずつお話ししてきましたが、ここであらためてまとめていきたいと思います。

〈逃げ〉か〈卒業〉かを判断するには、自分を厳《きび》しく内観《ないかん》し、最初の動機や定義が間違っていなかったかを見ることが必要です。仕事でも結婚でも、問題が起きたときは、暮らし方に自分のどういうまずさがあったのかを考えるでしょう。

内観は、自己責任だけを問《と》うのです。自分の責任や反省点をきちんと把握《はあく》して、さらに、自分はこれからどう切《き》り換《か》えていくか、残りの人生をよりよいものにするためにどうするかを見つめるのです。相手だけのせい、社会や環境だけのせいにしている場合は、内観とは言えません。

肝心《かんじん》なのは、その内観に沿《そ》って権利を主張し義務を果たすこと。逃げる人は、義務は果たさず、権利ばかりを主張しがちです。

結婚にまつわる苦難なら、夫に対しても子どもたちに対してもやるべきことはやって、落とし前をきちんとつけなければいけません。

仕事も同じことです。仕事を辞《や》めたいと思うほどの苦難があったとして、だか

らといっていまの職場に対して無責任に辞めてしまうのは、権利ばかり主張して義務を果たしていないことになります。

職場の辞め方を見ていると、その人の本当の問題点がわかります。どんなに美辞麗句を語っても、辞め方が無責任な人はどこへ行ってもうまくいきません。同じような目に遭《あ》ってやっと、自分が何を放棄《ほうき》していたからいけなかったのかがわかる場合もあります。

何度繰り返しても気がつかない人もいます。その分岐点《ぶんきてん》は、〈逃げ〉か〈卒業〉かを見きわめたかどうか。目を背《そむ》けず、厳《きび》しく判断しなさいということです。人生に失敗のない人はいません。実際、転《ころ》んで、また立ち上がって進んでいくことに意味があります。たましいはそうやって磨《みが》かれていきます。

では、〈逃げ〉か〈卒業〉かはどう判断すればいいのでしょうか。

見きわめ方の鍵の一つはメッセージ。見きわめの大きな助けになります。

メッセージは至《いた》るところからやって来ますが、いちばん耳を傾けるべきは、他人から与えられるメッセージです。しょせん他人の意見だと単純に思うなかれ。それが実は霊界《れいかい》からの意見でもあったりするからです。

霊界からのメッセージは、正しい場合もあるし、反対に間違ったことをわざと人の口を介《かい》して言わせ、確認をとっているケースもあります。あるいは、「おまえの覚悟《かくご》は本物か？」と問われているのかもしれません。

そのため、自分にとってはあまりに理《り》不《ふ》尽《じん》な意見だとか、見当《けんとう》はずれ、明らかな間違いと思うようなこともあります。しかしそこには表と裏、ふた通りのメッセージがあるのです。

だから、『全然わかってくれない』『理解してくれない』と恨《うら》んだり、腹を立ててはいけません。『自分は本当に正しいのか、それとも間違っているのか』と突き詰める確認作業であったりもするわけです。間違いに気づいたら、そこで『自分

は間違っていた。これから奮起《ふんき》しよう、がんばろう』と前向きになれればいいのです。

肝心なのは、なぜそのときに他人からそれを聞かなくてはいけなかったのか、ということです。たとえ自分にとっては、苦々しく思うことだったとしても、人間関係をおろそかにしてはいけません。もっとも重要なのは人間関係です。自分にとって都合《つごう》のいい言葉も悪い言葉も、人の言うことは大事なメッセージと思って聞くことです。

ただ、いま申し上げたように、メッセージを受け取ることとイコール聞き入れるということではありません。なぜならメッセージには、正しい答えもあれば、誤《あやま》った答えも来ます。しかし、それは単純に答えが間違っていたということとは違います。確認作業なのです。

ムカッとくることがあったときには、ただムカッ腹を立てるだけでなく、へムカ

ッ〉の原因を探ってください。腹が立つのは、痛いところをつかれたからです。そのように、自分の感情にのまれないで感情を冷静に見て分析《ぶんせき》する。これも内観です。

あるいは、人からの言葉になぜ安心したんだろうか、と考えてみる。あまりに都合のいいことを言われたのであれば、単純にうれしがっていてはダメです。『本当かな?』『都合のいいことを言われただけではないか』とじっくり検証してみることです。

書籍や雑誌で突然フッと目についた一節、テレビで見てなぜか気になったこと。そんなことにもみな意味があるのです。しかしそのことだけに妙にこだわると、判断が狂います。だからこれは二番手にとっておくといいでしょう。

何かに惑《まど》わされてのクルクル虫、鵜呑《うの》みにする依存虫。どちらも困りものです。両方のバランスを取ってメッセージとして受け取る必要があるのです。

ノート内観法

その分析をするのにぴったりなのが、〈ノート内観法〉です。

ノート内観法は、自分自身のいまの気持ちを見つめていくことが第一義《だいいちぎ》のテーマになります。離婚なら離婚、転職なら転職について、どういうところがイヤなのか、何がきっかけだったのか、自分はいままでその恩恵《おんけい》を何か受けなかったか、受けたのならそれに対して自分は何を返したか、現在までを振り返って書きつらねていくのです。

次に、それを一つ一つ確認しながら、自分はどう反省すべきだろうか、今後にどう生かしていけるだろうかと未来についての思いを網羅《もうら》していきましょう。〈逃げ〉か〈卒業〉かも見きわめなくてはいけません。いわば一人ホームルームです。

どこまで突き詰めて書くかといえば、その問題が解決するまでです。苦しくてもコツコツ続けていきます。すると次第に、書いていく内容が消去されていきます。項目《こうもく》が少なくなって、論点が絞《しぼ》られてきて、最終的に一つの答えが導き出されます。そこまで考え抜くと、その答えを素直に受け入れることができるのです。あとは行動に移せばいいのです。

ノートには、必ずメッセージ・ページをつくるべきです。Aさんにこう言われたとき自分は怒ったとか喜んだとか、一緒に自己分析もしていく。『自分のことをよくわかってくれているようだが、Aさんはかなり点数が甘いのではないか。厳しいことばかりを言うBさんの言葉は、自分にとっては痛いけれど、彼の意見もよくわかる』……。そうやって、自分は目の前にある問題を克服《こくふく》していくだけの力があるかを探っていくのです。

また、夜に見た夢があれば、夢の内容も書いておきましょう。夢には三種類あ

ります。睡眠中に肉体が何か刺激を受けて見る肉の夢。そして、思いぐせの夢、これは自分のトラウマがストレートに出たものです。スピリチュアルなメッセージの夢もあります。ただ、このメッセージばかりをあてにすると、また間違った方向に行ってしまいます。

夢もまた、だいたい思いぐせがポイントになっていることが多いのです。「私はやれる」と言いながら追いかける夢を見たりするのは、実は不安の裏返しなのです。なぜこの夢を見たのかというところに結びつけていくと、本音《ほんね》と建前《たてまえ》、あるいは潜在的な何かが見えてきたりするのです。

スピリチュアルな世界を理解することを誤解し、世の中の人の多くは、それを夢うつつになることだと思っています。実際は、スピリチュアリズムはきわめて冷静さを必要とします。とても現実主義的なことなのです。ですから、ある種、哲学者たる者でないと受け入れにくいのかもしれません。

ここで〈ノート内観法〉のやり方をもう一度まとめておきます。

【ノート内観法】

1　ノートを用意する。

2　「離婚」「転職」など、自分の悩みについての大きなテーマを書《か》き留《と》める。

3　現在までの状況とそのときの感情、さらに未来への思いなどを包み隠さず綴《つづ》る。

4　一つの答えを見いだすまで考え続ける。

5　人から言われたこと、ふと目に留まった言葉など、メッセージをメモする欄《らん》をつくる。

6　夜に見た夢があれば、書き留めておく。

7　そのように外から来たメッセージについても、感情に流されず、その本質的な意味を分析していく。〈逃げ〉か〈卒業〉かのジャッジもする。

「こんなの面倒くさい」という人は、やらなくて結構です。それもあなたの人生です。生まれ変わってもういっぺん修行をすればいいだけのこと。それだって、怠《なま》けたことが原因で失敗した、ということが学びになるのです。

私が言った通りにやりなさいと言うつもりは毛頭《もうとう》ありません。でも、なるほどと思う部分があるのなら、ぜひこの〈ノート内観法〉をがんばってやってみてください。

ノート内観法 記入例

1. テーマを書く。「離婚」「転職」など

2. 問題点（嫌なこと、克服すべきこと）を書いて下さい。
結婚相手に愛情を感じない。職場の上司が理解がない。など

3. 今までの経緯、現在のような心境になったきっかけや出来事を書いて下さい。
相手の浮気や暴力。上司にささいなことで叱責された。など

4. 相手から自分がどんな恩恵を受けてきましたか？
家事の手伝いをしてくれる。良い同僚がいる。など

5. そして受けた恩恵に対して何を返してきましたか？
記念日にプレゼントを渡した。大きな取引をまとめた。など

6. 自分自身の反省点を見つけて下さい。
相手とあまり話をしていない。ミスをごまかした。など

7. 今後、自分がどうしたいか希望を書きましょう。
もう少し自由が欲しい。良い評価を得たい。など

8. 問題に対して、どのような行動が〈逃げ〉で、どのような行動が〈卒業〉と思えるかを書きましょう。
性急な離婚は〈逃げ〉。相手とよく話し合ってみるのが〈卒業〉
今すぐの転職は〈逃げ〉。認められるよう努力するのが〈卒業〉。など

9. それを踏まえて、今どうするべきか〈答え〉を書いて下さい。
答え＝相手が何を考えているのかを、きちんと知るようにしよう。
答え＝自分自身の苦手な部分を見つめて少しずつ克服しよう。など

10. すべてのことが、〈自分に必要なこと〉と、受け入れられたか、感想を書く。

メッセージ欄

- まわりの人に言われたことで印象的なことを書いて下さい。そして、それについての分析も書いて下さい。
- 最近見た夢や、ふと目についた言葉などを書きましょう。

孤独と向き合え

書き出す作業は、こころを見つめる上でとても大切です。いまの人たちは、ブログは書いても日記はつけていません。ノートに日記をつけるのは、パソコンにブログを打ち込むのとはずいぶん違う感じがするはずです。そのせいか、いまの人は言葉化することがとても不得手《ふえて》のような気がします。

ブログには、日記のような効果はありません。ブログは自分好きが酔いしれて語っているだけ。そしてあてにならない情報を垂《た》れ流《なが》しているのも気になります。ときにはすばらしい表現もありますが、プチ専門家気取りの危険なものもいっぱいあります。あのような文化は諸刃《もろは》の剣《つるぎ》だと思います。

もちろんプロが書くブログは意味が違います。評論家、専門家など何かのプロ

フェッショナルが、メディアで表現しきれないものを自分のブログであらわしていくことは表現の一手段ですから構いません。しかし、素人がつくるブログは匿《とく》名《めい》のものも多く、無責任です。対象を真剣に見つめないで、すぐ自己正当化するのですから、あれでは裸の王様です。本当に怖い。

第一、メールやインターネットなどデジタルなコミュニケーションは、本当の対話ではありません。誰かとつながっているようでいて、実は一方的です。それなのに、移動の電車の中でも、お風呂でも、一日中メールが来ないかなと気にしています。ブログやチャットをして、疲れたから寝てしまおうなどとやっています。これでは本当に誰とも対話ができません。まして自分自身との対話なんて、できるわけがありません。

現代人は孤独を怖《おそ》れているため、引きこもって自分自身と対話するということがありません。しかし、自分と話をしない人が他人と話はできないでしょう。ま

ずは自分と話しましょう。人と交わした会話だけをよすがにすると、自己完結して変な納得をしてしまうし、ウソの自分を見いだしてしまう。自分で自分を洗脳してしまうようなところがあるのです。

多くの人たちは、一人でいることをいい時間だと考えることがないようです。すぐ「寂しい」と言う。寂しいなら寂しいで、その感情はどこからやってくるのか、なぜ寂しいと思うのか。喜怒哀楽の理由をしっかりと分析すれば、自分が見えてきます。案外「なーんだ、落ち込むことはなかったんだ」と気楽になれたりもするのです。思考しないとこういう思いには至《いた》れません。

本当の自分を知るには、自《みずか》ら孤独の中に身を沈めていくことです。ノート内観法は、できれば若いときから始めてください。若ければ若いほどいいです。『アンネの日記』のアンネ・フランクのように、誰かに語りかけるように書いてもいい。とにかく一人静かに自分と向き合うのです。

気持ちを言葉にするのが苦手な人々

最近気になっているのは、気持ちを言葉にするのが下手な人が増えたということです。言語脳《げんごのう》は女性のほうが発達しているはずなのに、特に女性のほうが苦手なようです。言語化に関しては、本当に不思議です。

たとえば、恋愛でも仕事でも「何がイヤなの?」と聞いても、「自分なんかダメ」「ほかの人ばかりがいい思いをしてる」とわけのわからない卑下《ひげ》やひがみを言い出す人が多いのには驚かされます。自分の問題点がわかっていないのだと思います。

『くやしい』と思ったら、そのくやしさを分析しなくてはいけません。自分はもっとできると自信があったのにできなかったからだ、と見えてきたとします。

さらに突き詰めて、ちゃんと勉強していなかったのが悪いのだとわかった。そうすると、『やるしかない』と腹をくれるのです。ポジティブになるのです。そこまで来ると、二度と同じ失敗はしないと思います。

感情、感性を言葉化してみることの大切さはそこにあります。ノート内観法が大事なのはそのためです。本当に乗り越えられるからです。

よくあるのが、「自分の気持ちがわからない」という台詞《せりふ》です。自分の気持ちがわからないなんて、お腹がすいたのかどうかもわからないというようなものです。

それは、子どものときから親や人に、気持ちを決められて生きてきたからだと思うのです。「これ食べたいんでしょう」「これをしたいんでしょう」「これおいしいでしょう」と、答えを出してもらってうなずいてきただけ。楽ちんだから、自分で思考することのないお人形として生きてきたせいなのです。

最近、教育についての問題も尋《たず》ねられますが、これもまた理解しがたいことが

いろいろあります。親が子どもに、「学校へ行ってちょうだい。あなたのためなのよ」と言う。本当に子どものためかどうかわからないのに、行きたいという意思も見せないのに、そんな特権をくれてやるな、と思います。子どもが学校へ行きたい、勉強したいと言っても、貧しくて行かせてあげられないという親もいると思います。でも、どこの世界に「学校へ行ってちょうだい」と言う愚《おろ》かな親がいますか。もし子ども自身が学校に行きたかったら「行かせてください」と親にお願いするべきなのです。

いま私が出演している、あるテレビ番組の女性ディレクターは、実家が広島のパン屋さんで、パンを一生懸命つくって働いている家に生まれました。ただ、「女には学問なんかいらない」という家庭だったそうです。試験勉強をやってると、父親が「寝られやしない」と怒る。「勉強なんかするな」とずっと言われたそうです。

それで逆に、一生懸命勉強したと言うのです。家族が寝静まってからこっそり起き出して、小さな明かりをつけて……。勉強家だったから成績も良かった。大学に行かせてもらうために先生に頼んで一緒に両親にお願いしてもらったと言います。最終的には進学はさせてもらえたわけですが、それが親戚じゅうの問題になった。いつの時代の話だと思いますか？　彼女はまだ三十三歳です。逆境《ぎゃくきょう》にいると、かえって奮起《ふんき》する場合もあるのです。

勉強した人はいくつになっても強い。私も経験上、こころからそう思います。私が、神道《しんとう》の勉強のために國學院大學に入学したのが、二十二歳のとき。でも、大した遅れではありません。

実際、そのとき首席《しゅせき》で卒業したのは四十歳の女性でした。神社の家（社家《しゃけ》）に生まれていないと、たとえ免許を持っていてもその世界に入るのは難しいにもかかわらず、彼女は一生懸命勉強したのです。親に「うちは神社なんだから行って

こい」と言われて来た子のほうがあまり勉強していませんでした。

親が「学校へ行ってください」と言うこと自体、おかしなことなのです。行きたかったら頼んで行かせてもらうべきです。中退したら授業料は親に返済するというくらい徹底した覚悟《かくご》がないと、本気になりません。

留学するという選択もいい学びのチャンスと言えるかもしれません。ひとり旅もいい経験になると思います。自分が見えてきますから。

それから病気にもその作用があります。病気のようなつまずきは挫折《ざせつ》に見えるけれども、それは違います。驚くような自己発見があったりします。

私は声帯ポリープの手術をしたことがあります。お見舞いも来てくれるのは最初のうちだけ。特に術後しばらく話ができない状態でしたので、ひとりで病院の池のほとりで鯉にパンをやりながら自分の人生を見つめ直しました。今思えば、あの時間は本当に貴重だったと思います。

八つの法則

さて、私が自分自身の内観をするときに絶対的な支えにしているのは〈八つの法則〉です。他の著書にも詳《くわ》しく書いていることなので、そちらも参考にしていただければと思います。みなさんがノート内観法をするときにも、すべてこの〈八つの法則〉をもとに、自分で思考してください。

スピリチュアリズムを肯定《こうてい》する人でも、思考しない方向のスピリチュアリズムを選ぶ人がいます。思考停止的なスピリチュアリズムとは、たとえば教典主義《きょうてんしゅぎ》のような、「教典があるからそれを絶対としてひたすら従《したが》って生きる」というようなものです。あれは間違いです。まったく理解できません。

聖書やコーランなど、あれらはあくまで参考書です。どんなにすぐれたたまし

いの持ち主でも、イエスやブッダやアッラーや、彼らのような存在にはなれないのです。だからこそ、法則の中で思考し、自分自身で答えを見いだしていくことが大切なのです。

運転するときを思い出してみてください。ここはUターン禁止、ここは右折レーンに入らないと右折できないなど、交通標識は守らなくてはいけませんが、標識に従うままに走っていたら、どこへ行ってしまうかわかりません。目的地を設定せず、ただ道の流れに乗って、標識を遵守《じゅんしゅ》することだけをひたすら意識する運転なんて本末転倒《ほんまつてんとう》です。『あ、あそこで左折しなきゃいけなかったんだ』と思えば、そのまま直進するのではなく、交通ルールを守りながらどうにか工夫《くふう》して行きたい方向を目指す。これが正しいガイドなのです。

ここでは、その法則について、しばしば誤解されがちなことをまとめておきます。ノート内観法をしているときに混乱しそうになったら、ここを読み返してく

ださい。

第一に、〈霊魂（スピリット）の法則〉です。人は死してもたましいは死にません。人はたましいの存在であり、肉体が消滅しても、心は生きている。霊的存在として永遠に生き続けるのです。

「死ぬような病気に直面したときにどう〈霊魂（スピリット）の法則〉を理解すればいいのかわからないんです」と言われたりします。

確かに死と向き合うのは怖いものですが、人生で何かにおじけづいた、そういうときこそ、〈霊魂（スピリット）の法則〉の出番だとも言えます。『人生は旅なんだ。ボヤボヤしてたらまたあの世へ帰って行くことになるから、生きているうちにできるだけ経験と感動を積もう』と考えればいいのです。大きな苦しみを乗り越える力になるのが、この〈霊魂（スピリット）の法則〉なのです。

みな誰かが死ぬとすぐに「かわいそう」と言います。殺されたりしたらなおのこと、「こんなに若くてかわいそうに」と同情します。こう書くと冷たい人間だと思われるかもしれませんが、しかし、私たちのいま生きているこの世が天国で、死後の世界に行くのはむごいというのは誤解です。私たちは死があるから、あの世があるからこそ報《むく》われるのです。

死後の世界には苦しみはありません。輝きの世界です。どんな不幸な死に方をした人でも、死によって永遠の命と安《やす》らぎを得られる、というのが〈霊魂（スピリット）の法則〉なのです。死後が天国で、この世は地獄。死ぬことを気の毒に思うのは、志半《こころざしなか》ばだったのにとか、家族と無理矢理引き離されてとか、人の心の闇の犠《ぎ》牲《せい》になって、という残された人の思いのほうなのです。

ところが、〈八つの法則〉と日々の出来事を照《て》らしあわせて自分を分析するということが全然わからない人がいます。そして言葉だけ取り上げて言うのです。「人

はスピリットなんですよね」と。

生きられるのは自分の人生だけなのです。この世に生まれてきた以上、違う道は選べません。自分自身の人生をいかに生きていくかを考えないうちは、何もわかりません。


第二は、〈階層（ステージ）の法則〉です。人は死ぬと、たましいのレベルに応じた境地に行くことになります。霊的成長によって階層が分かれているのです。ですから、いま死んでも、その人はそのたましいの階層世界にしか行けません。死んですぐ昇天《しょうてん》というふうにはいかないのです。

とはいえこれは死後の世界のこと。いまの努力は後に生きてきます。それは確かなことです。

ここからつながるのが、第三の〈波長の法則〉です。〈階層（ステージ）の法則〉

と〈波長の法則〉は、実はとても近いものがあります。ひとことで言えば、類は友を呼ぶということですから、一緒の法則だと考えていただいてもいいと思います。

この世の原則は混魂界《こんこんかい》です。いま、みなさんの周囲の人たちを思い浮かべてください。自分といちばん近しい人はどんな人ですか？　前向きで素直な人ですか？　とするなら、あなたも前向きで素直なエネルギーに満ちた人のはずです。

現世ではいろいろなたましいが混在しているわけですが、実際は〈階層（ステージ）の法則〉になっているのです。あなたとあなたの周囲の人のレベルは、あなたの波長次第《しだい》なのです。

『なんで私の周《まわ》りにいるのはイヤな人ばかりなの？』と思うのは、あなた自身がそういう人と同レベルな人だから。『なんでこんな人と私は結婚してしまったんだろう』と思っても、実はあなたのたましいがそういう相手のたましいと相似《そうじ》して

いるのです。

要は、相手を変えようと思ったら自分を変えなさいということです。自分の波長が変わると、周囲の波長も変わります。自ら変わろうとして変わったなら、同じ職場なのにいままでの職場の波長とは違ってくるのです。自分の波長を上げれば周りの波長をも上げることになります。

夫婦や家族の間でいざこざが起きた。逃げか卒業かでいえば、卒業したかったらまずそのために努力を率先《そっせん》してすることです。それでもどうにも変わらないというのであれば、別れていいかどうかの判断の基準点は、愛が別れの動機になっているかどうかです。

憎んで別れるのは愛ではありません。仕打《しう》ちです。愛というのは、別れることが相手のためだと確信できるときだけです。『この人には旅を与えたほうがいい。それが本当に相手のためにもなる』というのであれば、形は別れになってもそれ

は〈卒業〉です。反対に、『ここで別れてしまうのは自分にとっての甘えだ。相手のためにもよくない』とわかっていて、最後まで相手を愛し抜くことができなかったら、逃げです。本当の別れではないのです。

働いていた職場に対してもそうです。残務処理《ざんむしょり》をきっちりして、机をきれいに片づけて「ありがとう、お世話になりました」と感謝を持って言うことができなかったら、それは卒業ではないのです。

意地悪された同僚や上司にも「いろいろ気づかせてくれてありがとう」と言えて初めて十全《じゅうぜん》な卒業です。

こうなると、〈階層（ステージ）の法則〉から〈波長の法則〉へとスムーズにつながるのです。よく「いい出会いはありませんか」と言う人がいますが、いい出会いが欲しければ、いい自分になりなさいということです。自分の現状が悪いのは自己責任。原因があります。偶然は必然。すべて因《いん》・縁《ねん》・果《か》なのです。

因・縁・果、すなわちすべての出来事は、これまで自分がしてきたこと（原因）の結果です。これが〈因果（カルマ）の法則〉です。「なぜこんなことばかり起こるのかしら?」とネガティブに捉《とら》えたくなるようなことも、〈因果（カルマ）の法則〉に則《のっと》って見れば、違う考え方ができます。『ああ、自分を鏡で見せてくれているんだな』『自分をもっとりっぱに輝かせようとしているんだな』と思えば、それはありがたいことだとわかります。

そして〈守護（ガーディアン・スピリット）の法則〉。「人間は、生まれてくるときも死ぬときもひとりなのだ」と言われます。でも霊的視点で言うならば、ひとりぼっちで生まれてくる人はいないのです。どんな困難に陥《おちい》っても、自分は暗黒の孤独の中にいると感じるときも、本当はあなたを見守ってくれているガーディアン・スピリット、すなわち守護霊の存在があるのです。

耳を傾けてさえいれば、目をしっかりと見開いてさえいれば、必ず何かしらアドバイスを送ってくれます。大きな愛で包んでくれています。気がつかない鈍感《どんかん》さが問題なのです。救いの手はいつでも誰にでもあるのです。

〈守護（ガーディアン・スピリット）の法則〉を教える、こんな昔話をきいたことがあります。

ある村に信心《しんじん》深いおばあさんがいました。あるとき、村に大水《おおみず》がやってきました。周《まわ》りの村人はみんな心配して「おばあさん、逃げよう」と言いました。けれど、おばあさんは、「私は信仰《しんこう》をしているから大丈夫」と言って逃げないでいたのです。

水はますます勢いを増してきます。村人のひとりが舟をこいでおばあさんの近くまで助けに行きました。「おばあさん、さあこれに乗って早く逃げよう」と言うのに、おばあさんは聞き入れません。「私は信仰しているから大丈夫」と言って、

結局そのおばあさんは水に流され、死んでしまいました。

あの世へ行ったおばあさんは、神様に向かって聞きました。「私はずっと信仰していたのに、なぜ助けてくれなかったのですか」

すると神様は、「だから舟を行かせたじゃないか」と言ったのでした。そういう物語です。

メッセージとはそういうものです。私たちのたましいがより輝けるよう、さまざまな方法で導いてくれるのです。

〈類魂（グループ・ソウル）の法則〉は、私たちのたましいは、あなたの類魂の一部分だということ。私たちはふるさとの霊的世界において、実は全員が類魂です。広い意味でみな神の子どもであることを忘れないでください。

そして宿命と運命を考える、〈運命の法則〉があります。宿命と運命は違う。宿

命は自らが決めて生まれてきたもので、変えることはできませんが、運命はあなたの手でいくらでも変えられます。絶望することはないのです。

これらの法則は個々に独立しているわけではなく、渾然一体《こんぜんいったい》となって相互に作用しながら働いています。これらの霊的法則は、すべてわたしたちが真の幸福を得るための学びを導いてくれるものです。すべて〈幸福の法則〉につながっているのです。

自分自身をサンクチュアリに

「苦しいときに、神社仏閣などのサンクチュアリ（聖域《せいいき》）へお参《まい》りに行くことは意味があるのでしょうか」と聞かれることがあります。あれは、サンクチュアリへ出向くことによって自分自身の邪念《じゃねん》を取ったり、穢《けが》れを払ったりするわけですから、意味がないわけではないんです。

ただ、自分自身が思考していない人間がどれだけお参りに出かけても、それは無駄です。なぜなら、波長が届かないからです。お参りするときになぜ二礼《にれい》二拍《にはく》手《しゅ》するかというと、一回は守護霊に向かっての合図《あいず》なのです。ご神殿《しんでん》の霊格は高いですから、守護霊のように中を取り持つ存在がいないと届かないのです。ですから、自分の波長が低くて、守護霊ともプラグがつながらないようでは、とても

霊的世界に祈りは届きません。

ではどうするかと言えば、あとは自分で自分の波長を高く変えていくしかないのです。極端なことを言えば、特別な場所へ出向かなくても、波長が高ければ十分あちらの世界へ伝えることができます。つまり、神社仏閣へ出向かなくてもいいのです。自分自身のいる場所を全部サンクチュアリにできるのです。

神頼みで幸せになる人がいたら不公平です。お札《ふだ》やおまじないで願いが叶《かな》うなんていうのも不公平。プラス、資源の無駄遣いとも言えるかもしれません。

祈念《きねん》が通ることはどういうことかと言えば、自分がやり抜くことです。昔の人はよく言ったもので、〝人事《じんじ》を尽《つ》くして天命《てんめい》を待《ま》つ〟です。人事を尽くさない人間には何も手に入りません。

受験の時期が来るとみなこぞって合格祈願に行きますが、勉強しない者が拝《おが》んでも、通るわけがないのです。でも、勉強した者がお祓《はら》いを受けて、『自分が努力

した分のなるべく百パーセントを発揮《はっき》できますように』と祈るのはいいのです。自分の念を高めるためなら、お参りもいいでしょう。

もちろん、全エネルギーを傾けて努力して、『これだけがんばったのだから絶対に念は通じるはずだ』と思っても、通らないこともあります。でもそこにも学びがある。努力した上でダメなものはやっぱりダメです。でも、それは「違う学びなのだということを思い出しなさい、視点を変えなさい」というメッセージなのです。

渦中《かちゅう》にいるときは苦しいでしょう。でも、何年かその先の人生を生きてみると、『あのときやらなくてよかった。あのとき思うようにいかなくて正解だった』と思うこともあるのです。でもなかなかそのときは感謝できません。『人生は不公平だ』と思ってしまうものです。

私の話をすれば、十八歳のあのときに、オペラ歌手の人に「きみは歌の才能が

ある」と言われていなくてよかったと思います。言われていたら、きっといまはないでしょう。あのとき諦《あきら》めたから、いままた違う道で歌と巡《めぐ》り合えたわけです。

でも不思議です。何かにつまずいて人生を棒にふるような体験をした人でも、必ず守られている。必ず見守る人がいたり、必ず面倒を見てくれたり。そう考えると、本当に人生とはゆりかごに乗っているようなものだ、と思います。経験と感動を味わった分、ちゃんと返ってくるのです。

ですから、先ほど挙げた霊的法則を、たましいの六法《ろっぽう》にして思考していただきたいのです。そのときに大事なのは〈動機〉です。そこから真理をたどれば、どんな苦難も必ず乗り越えることができるのです。

苦難の乗り越え方レシピ［実践編］

本書ではここまで、〈苦難〉ということをどのように捉《とら》え、そしてどう考えるべきなのかということを述べてきました。個々の出来事について書いた部分もありますが、ここで改めて、苦難を乗り越えて生きてゆくためのヒントを知っていただきたいと思います。個々の出来事別に、簡潔《かんけつ》に箇条《かじょう》書《が》きで、そのステップを示しました。

料理を創る手順（レシピ）のように、必要な材料（もの）と、それをどのように調理して（考えて）いくのか、というふうに書いてあります。

調理と同じですから、いつでも誰でも、どんな材料であろうとも、すべての苦難、苦しみが去っていく（美味しい料理ができる）と断言できるものではありま

せん。自分自身の考え方（味覚）が大事なのです。

ですから、一度このステップ通りにやってみて、その途中で自分自身で思いついたことも大切にしてください。あなたオリジナルの〈苦難の乗り越え方レシピ〉があってもいいのです。

脱線や休憩もかまいません。ですが、一度はきちんと書いてある通りに内観をしてみて、その中から見えてきたものからは目をそむけないようにしましょう。そして、その上で一つ一つの出来事から〈卒業〉できるよう努力しましょう。『苦しい』『つらい』と思う出来事を、〈感動〉に昇華《しょうか》してゆくための練習問題として試してみてください。

『いまの自分とは関係ない』と思うような項目についても、ぜひ一度は考えてみてください。人生は想像力。さまざまな苦しみに思いを馳せて、いまの自分の置かれた状態に〈感謝〉することも大切なことなのです。

【失恋】

恋しい人と別れるのは、誰にとっても苦渋の決断です。けれど、これも決して〈苦難〉ではありません。ほかにあなたにふさわしい相手がいるということ、別れた相手とは一つ学びを終えたということなのです。どのような出会いにも学ぶことが必ずあります。心の中のわだかまりを綺麗《きれい》に掃除《そうじ》し、波長を高めましょう。

必要な材料（もの）――手放す勇気

1 部屋を掃除し、内観にふさわしい空間をつくる。
2 相手と出会った意味を振り返りましょう。
3 今、あなたの波長が〈高い〉か、〈低い〉かを内観しましょう。

4 恋人からもらったもの、思い出の品、写真を封印する。封印法として最適なのは燃やす、破るなど。そののち、ひとつまみの粗塩《あらじお》（天然の海生まれのもの）を「祓《はら》いたまえ浄《きよ》めたまえ」と唱《とな》えながら三回振りかける。

5 白い紙などに包んで封印（気持ちが吹っ切れるまで保存し、その後はリサイクルに出すなどして処分する）。

6 部屋を綺麗に片づけたら、空気を入れ替える。

7 相手との思い出をもう一度振り返り、『相手に心から感謝を告げられるか？』を問いかける。

8 答えがイエスなら〈卒業〉のサイン。

【依存症】

買い物依存症《いぞんしょう》、アルコール依存症、セックス依存症など、何かに過度に依存してしまうとき、あなたは〈愛の電池〉の電池切れをおこしています。自分は誰からも必要とされていないのではないか？と思っていませんか。あるいは、与えられている愛に気づかないほど感性が鈍くなっているのかもしれません。一パーセントの愛だとしても、それも愛なのです。

また、あなた自身が人生をどう生きたいかという〈地図〉を持っていない時、物質に依存しがち。人生は生き抜くことに価値があるのであって、物質を持っているか否《いな》かで計れるものではないのです。

必要な材料（もの）―人生の地図　愛の電池の充電

1　子どもの頃から今日まで、自分の周りにいてくれた人に思いを馳《は》せる。
2　その人たちと撮った写真があれば、それを一冊のアルバムにまとめる。
3　笑っている写真、泣きそうな顔。いろいろな出来事があったことを思い出すでしょう。
4　まだつらい時は、心を静かに落ち着けて。ガーディアン・スピリット（守護霊）は必ずあなたの傍《そば》にいます。
5　これまでの人生を振り返ったら、この先の人生の目標、地図を描きましょう。
6　『自分はひとりではない』と前向きになったら〈卒業〉のサイン。

【実らない努力】

うまく行かないのには、理由が必ずあります。こんなに努力をしているのにさっぱり芽が出ない。そんな時は、「まだその時機ではない」というメッセージ。焦《あせ》る必要はありません。ただ、「人に評価されること」を主眼《しゅがん》においた努力ではいけません。他人と比べないこと、これも努力を実らせる大事な要素です。実る、実らないにこだわるのは、幸せの基準を物質中心主義的価値観に置いているからだということに気づきましょう。

必要な材料（もの）―本や雑誌

1　『実らなくて苦しい』と思っているその努力。動機は物質中心主義的価値観で

はありませんか？

2 違うのなら、いまはまだ動く時ではないということ。待つ間に心の迷いや不安にさいなまれるかもしれません。

3 そんな時は、書店に出かけましょう。

4 パッと目に留まった本や雑誌があれば、手に取ってみましょう。

5 気になる言葉に出合ったら、それが今のあなたに必要なメッセージ。

6 努力とは、どれだけやったかという〈量〉で量るものではありません。どれだけ込めたかを見直せたら、〈卒業〉のサイン。

【容姿（美醜の問題）】

顔かたちは、宿命です。スピリチュアル・ワールドからこの世に生まれる時に、自分自身が学びたいと決めたテーマに一番ふさわしいスタイルを選んできたのです。それなのに、「こんなに不器量《ぶきりょう》なのは親のせい」などと文句を言う人もいます。実は、遺伝子さえも利用して、その容姿に生まれていることを忘れてはいけません。〈宿命〉というスポンジ台に、デコレーションという〈運命〉のアレンジを加えるのはあなた自身です。

必要な材料（もの）―鏡

1　自分の顔や体で気になるところを鏡に映して、じっくりと観察する。

2　好きなところ、嫌いなところを具体的に挙げてみる。

3　嫌いなところに込められたメッセージは何かを考える。

4　メイクやファッションで上手にカバーできないか考える。

5　嫌いなところをよく見せる工夫をする（投げやりにならないで実践！）。

6　『鼻が低いところもかわいい』、たとえばそんなふうに欠点を少しでも肯定《こうてい》できたら、〈卒業〉のサイン。

【孤独】

『孤独でつらい』『ひとりぼっちで寂しい』。そんなふうに孤独を苦難だと思う人は多いようです。でも、孤独は、内観したり、自分と向き合ううえで欠かせない静寂《せいじゃく》。ひとりというのは、自分対自分という〈人間関係〉の始まりでもあるのです。孤独も、素敵なこと。ひとりでいる時間を充実させてこそ、世界が拓《ひら》けるからです。人生はひとりであれ、誰かと生きるのであれ、責任主体であることをいま一度思い出してください。

必要な材料（もの）──ノートと静寂

1　孤独を感じる時こそ、あえてひとりになる。

2　寂しいと思うのはなぜか、ノート内観法（一七〇頁参照）で分析する。

3　孤独も素晴らしいことというふうに、自分の人生に責任をとる意識を持てたら、〈卒業〉のサイン。

【貧困】

お金がないという苦難も、結局はその人の価値観による部分が大きいもの。三十万円を大金と思う人もいれば、一千万あっても足りないと思う人もいて、とても主観的です。ただ、お金がなくても心を満たすことはできます。どれだけあるかという量ではなく、何のために使うか、その目的や動機によって、充足度《じゅうそくど》は違ってくるのです。どういうふうに生かしたいかという目的を持っていないと、そのお金は生き金になりません。目的がないと、どんなにお金を貯めても無駄遣いをしてしまいます。

必要な材料（もの）——一万円札やお給料袋（明細書など）

1　一万円札を眺めたり、飾って、どのような感情が湧《わ》いてくるか、内観する。
2　縁起物《えんぎもの》として飾るのではないので注意。
3　お金に対して『汚い』といったイメージが湧いたら、それはあなたの心の問題。お金には罪はありません。なぜ、マイナスの感情が湧いてくるのかを、もう一度心に問いかけて。
4　お給料袋（ない場合は明細書）を眺める。
5　人間関係のトラブルなど、仕事上の問題の〈我慢料〉としていただいたお金だと思えますか？
6　今あるお金に対して感謝の気持ちが湧いてきたら〈卒業〉のサイン。

【借金（貸した場合）】

頼まれると嫌《いや》とは言えず、親戚縁者《しんせきえんじゃ》、友人、恋人などにお金を貸してしまうという人もいるでしょう。お金が返って来なくても催促《さいそく》できない。これは、お金のトラブルのようでいて、実は〈人間関係〉の問題。言えないのは、相手を甘やかしている部分があって、嫌われたくないという思いもあるから。まずは、そのことに気づきましょう。

そして、お金を貸す時はまず〈相手〉をよく見ましょう。相手の動機が甘えなど生半可《なまはんか》な気持ちであると思うなら、お金を貸さないことも愛です。貸して戻ってこなかったとしても、差し上げたものと割り切ることが大切です。

必要な材料（もの）―愛

1 お金を貸してほしいと言われた時、相手の動機をきちんと見ましたか。

2 お金を貸さないことも、愛です。

3 相手の動機に甘えがあるとわかっていて貸すのは、どこかで「いい人と思われたい」気持ちがあるから。自分の気持ちがどこにあるか、よく分析しましょう。

4 愛を基準にして「貸すか貸さないか」を冷静に判断できたら、〈卒業〉のサイン。

【借金（借りた場合）】

お金を借り、それが膨《ふく》れ上がってにっちもさっちもいかなくなった。そんな時は、現状を冷静に見極め、専門家の知恵を借りたり、場合によっては行政の力を借りるのも一つの方法です。間違っても、借金を苦に自殺というのは、してはいけません。

借金は死であがなうものではありません。もうダメと思ったら、たとえ自己破産してでも生き抜く。それが学びです。人生に失敗はありません。やり直しはいつからでも可能なのです。

必要な材料（もの）──内観と計画

1 借金をした理由、動機は何でしたか？

2 物欲を満たすための浪費だったと思ったら、その動機は、〈小我〉。お金ではなく〈愛の電池〉が切れていたことに気づくことが、〈卒業〉への第一歩。

3 事業の資金繰《しきんぐ》りなど、何かを守るための借金だった場合、その動機には愛があります。ただ、ひとつ振り返ってほしいのは、そのビジネスが客観的に見て実現可能なものか？ ということ。夢見心地のプランではいけません。ノート内観法（一七〇頁）を応用して、この先十年の計画を再検討しましょう。足元がきちんと見えたら、〈卒業〉のサイン。

【不倫】

夫（妻）のある人を好きになってしまった。この場合、選択肢《せんたくし》は二通りありま
す。ただ、一時の感情に溺《おぼ》れていたり、快楽に酔って不倫関係を続けるのは、逃
げです。反対に、互いの成長のために必要な相手として出会う場合もあります。
それぞれの家庭や環境に大人としてのけじめをつけ、離婚→再婚をするのは卒業。
人は最初から完璧《かんぺき》ではありません。結婚をした後に、この人こそという相手に巡
り合うこともあります。結婚を真剣に考えているのかいないのか、この見極《みきわ》めが
肝心《かんじん》です。もう一つ見極める必要があるのは、相手があなたにも今の家族に対し
ても誠意を示しているか、ということ。それができない人なら、後々カルマとし
て必ず返ってきます。あなたと再婚したとしても、同じような問題に直面するこ
とになるかもしれません。

必要な材料（もの）——計画と具体的行動

1　「いつか夫（妻）と別れるから」と言われても、そのまま鵜呑《うの》みにしてはいけません。相手の言葉に行動は伴《ともな》っていますか？

2　たとえば、離婚に向けて弁護士に相談する、第三者を介《かい》して話し合いを何日に持つなど、具体的な計画がありますか？

3　「いつもつらい思いをさせて申し訳ない」など、あなたへの思いやりの言葉はありますか？

4　「家族や子どもにも迷惑をかけて申し訳ない」など、今の家族や子どもに対して誠意ある言葉はありますか？　誠意が感じられないなら、冷静になってください。やがてあなたに対しても同じように接するようになるかもしれません。

5　1～4の項目すべてイエスなら、〈卒業〉のサイン。

【リストラ・失業】

リストラされた、失業したという時、誰しも無力感を覚えたり、先行き不安に陥《おちい》ることと思います。しかし、厳《きび》しいようですが、その職場に必要とされない何らかの理由があったのだと思います。それを受けとめる必要があるでしょう。ただ、ここで落ち込みすぎることもありません。すべては波長とカルマ。あなたの今の波長によって、起こっていることであり、これまでの行いなどが結果としてあらわれた部分もあるのです。そのことを冷静に見極めたうえで、人生が責任主体であることを再認識しましょう。そうすれば、「他に自分を活《い》かせる道がある」というメッセージだと気づくこともできるでしょう。

必要な材料（もの）――ノートと筆記用具

1 ノート内観法（一七〇頁参照）で、自分がなぜリストラされたのかを客観的に分析。

2 会社に対して貢献できたこと、不利益を与えたと思うことをともに書き出す。

3 〝寄らば大樹の陰〟という意識はありませんでしたか。会社に依存してはいなかったか、改めて振り返ってください。依存心がなければ、それほど不安には思わないはずです。

4 自分の特性を活かせる適職は何かを考える。

5 新しい業種にチャレンジする、同業種で転職を考えるなど、方向性を定める。

6 リストラされたことをマイナスととらえず、新しい飛躍への第一歩と思えるようになったら、〈卒業〉のサイン。

【転職】

転職へのゴーサイン。その分かれ目は、『転職をしたい』と思ったその動機で決まります。現状に満足しているけれど、新しい挑戦をしたいという場合は、〈卒業〉のゴーサイン。次の職場でも思う存分実力を発揮《はっき》できるでしょう。反対に、今の職場が嫌だから他のところに移りたいと思う場合は、逃げ。今直面している問題が繰り返しやってきます。

必要な材料（もの）——内観

1　波長の法則を思い出してください。

2　今あなたの波長が高いなら、さらに成長できる職場に巡《めぐ》り合えます。あなた

は今、前向きに転職を考えていますか？

3　答えがイエスなら、転職に向けて動きだしていいでしょう。周《まわ》りからも励《はげ》ましや援助の手が差し伸べられるでしょう。

4　答えがノーなら、心を落ち着けてじっくり内観を。現状から逃げたいと思っている理由を分析し、何を変えなくてはいけないかを考えましょう。

5　答えがすぐに出なくても焦らないで。急いで動いてもいい出会いはできません。

6　動機が『逃げだ』と思った人は、4で分析した〈改善点〉を今の職場でできる限り実践してみる。

7　やるだけの努力をし、変化がみられたうえでも転職を望むなら、それも〈卒業〉のサイン。

【不安・虚無感】

突然襲ってくる漠然とした不安や虚無感《きょむかん》。苦難というほどの具体的な問題が起こっているわけではないのに、心の中にすきま風が吹く。そんな瞬間は誰にでもあるものです。あるいは、具体的な問題を前にして、足がすくみ、不安を感じるというケースもあるでしょう。そんな時は、何よりも〈感謝〉の気持ちを思い出すことが大切です。今生きていること、友達と語り合えること、仕事があること、ほっと一息ついてお茶を飲む時間があること、人との出会いがあること。そんなふうにどんな小さなことでもあなたの周りには、さまざまな喜びがあるはずです。それらのことを当たり前と思ってはいけません。一つ一つに感謝する気持ちを持ちましょう。

必要な材料（もの）─ホテルのラウンジ、展望台など

1 不安感が募る時、高層ホテルや展望台など、高い場所に出かけましょう。

2 下を見下ろすと、行き交う人々や車がとても小さく見えるでしょう。

3 心を穏《おだ》やかにしてしばらく眺めます。

4 『自分ってなんてちっぽけなんだろう。でも、みんなも同じように何かに悩み、傷ついているかもしれない。自分だけが苦しいわけじゃない』。そんなふうに思えてきましたか？

5 泣きたい気分なら思いきり泣いて。今抱えている不安感も含め、自分をありのままに認め、受け入れてあげること、それが大切。

6 『明日も頑張ろう』『なんとかなる』。そんなふうに前向きな気持ちが湧《わ》いて来たら〈卒業〉のサイン。

【子どもの教育】

不登校やいじめなど、子どもにまつわる悩み。親としての心配は尽きないでしょうが、必要以上に過干渉《かかんしょう》になることもありません。「どうして学校に行かないの?」「学校で何があったか教えて」と、言葉だけで問いただすのではなく、心から寄《よ》り添《そ》ってください。学校と家庭で連携《れんけい》をはかるのは大事ですが、それよりも先に、家族間でのコミュニケーションを密《みつ》に取るようにしましょう。

必要な材料（もの）―時間と愛情

1　何よりもまず、お子さんの本心を聞いてあげましょう。

2　すぐに話し合うことができなくても、焦《あせ》らないこと。時間をかけて向き合う

ことが大切です。

3 できあいのおかずで済ませていませんか？ 今、お子さんが一番欲しているのは、温《あたた》かい愛。一生懸命つくった手料理を用意しましょう。多くの言葉よりも、伝わるものがあるはず。

4 甘えてきたら、突き放さないでください。物質的に甘やかすのはいけませんが、抱きしめたり、一緒に眠るなど、心の甘やかしは有効です。

5 子どもに愛情が伝わったと思える瞬間がきたら、ひとまずの〈卒業〉。通学再開など、次なるステップに向けて、一番いい方法は何か、具体的に話し合いましょう。でも、『うまくいきそうだから急がないと』とは思わないこと。どんな時も、子どもの歩調に合わせてあげてください。

【家庭内暴力（子どもの場合）】

子どもから親、夫から妻へなど、家庭内での暴力（ドメスティック・バイオレンス）で悩んでいるあなた。冷静な判断と決断が必要な時期に来ているのかもしれません。

必要な材料（もの）―関心と愛情

1　子どもの場合、暴力を振るう背景に、寂しさが隠れている可能性があります。

2　あなたは、お子さんに関心を向けていましたか？　お金やモノを与えることでは満たされない思いがあります。

3　一緒に出かける時間がなくても、家庭内の和合ははかれます。手料理を囲《かこ》ん

だり、一緒にテレビを見て笑ったり。そんなふうに、何気ないことでも、愛情を込めた時間を過ごすことはできます。

4 きちんと子どもを見ていなかった、愛情が足りなかったかもしれない。そう気づいたら、〈卒業〉のサイン。

【家庭内暴力（夫・妻の場合）】

必要な材料（もの）―冷静な話し合いと決断

1　夫（妻）など、配偶者からの暴力。この場合も、寂しさからの憂《う》さ晴《ば》らしということもあるでしょうが、コミュニケーション不足など、ほかの理由が隠れているかもしれません。

2　お酒に酔って、その時だけ暴力を振るうという場合であっても、その「くせ」はなかなか治りません。

3　相手から反省の言葉はありますか？

4　3の答えがイエス→そこに思いがこもっていると感じるなら、しばらく様子をみてもいいでしょう。ひとまずの〈卒業〉。3の答えがノー→暴力を振るって

いるのに反省していない。そんな相手なら今後も改善の可能性は低いでしょう。冷静に話し合える場（家庭裁判所なども利用）で、今後のことを検討しましょう。離婚という決断も、場合によっては一つの〈卒業〉です。

【離婚】

結婚生活にピリオドを打つ。その決断を下《くだ》すとき、〈逃げ〉か〈卒業〉かをしっかり見極《みきわ》めなくてはいけません。家庭内暴力など、直面している問題に改善の余地が見られず、そのまま生活を続けるのが困難だと判断した場合は、離婚という選択も〈卒業〉。理不尽な状況にあるのに、子どものために別れないなど、無理に我慢するのはかえって、〈逃げ〉になります。

必要な材料（もの）―冷静な話し合い

1　離婚を考えたら、〈なぜ離婚したいのか〉冷静に分析を。ノート内観法（一七〇頁）を利用して。感情的にならず、客観的視点をもって見極めることが大事。

2　家庭内暴力など、離婚に至る原因が明確なのに、応じてもらえない場合は、家庭裁判所など専門家のサポートを得る道も視野に入れる。

3　経済的な不安から離婚に踏み切れないなど、現状に依存してしまっている場合は、〈逃げ〉のサイン。

4　1〜3のステップを踏んで自己分析した後、相手と話し合いを持つ。第三者に立ち会ってもらってもいいでしょう。

5　お互いの意見を交換し、子どものこと、今後のことなどを話し合って、折り合いがついたら、〈卒業〉のサイン。

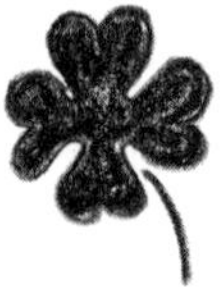

【病気】

病気は大切なメッセージです。不摂生からくる肉体的な不調〈肉の病〉は、普《ふ》段《だん》の生活を振り返りなさいというメッセージ。〈思いぐせの病〉なら、自分自身の性格を見直すことが大切ということ。また、〈たましいの病〉は寿命に関《かか》わることもありますが、死＝無ではないということを大前提にして、病気が教えてくれていることについて、内観しましょう。

1　いま痛みのある場所、不快感がある部分を、表に照らし合わせてみましょう。

2　思いぐせの病であった場合に考えられるメッセージが書かれています。そのまま言葉通りに鵜呑《うの》みにせず、これを参考に「私の場合、この痛みは何を訴えているのか？」を深く内観しましょう。思いぐせの病であれば、気づくことで軽減されることもあります。

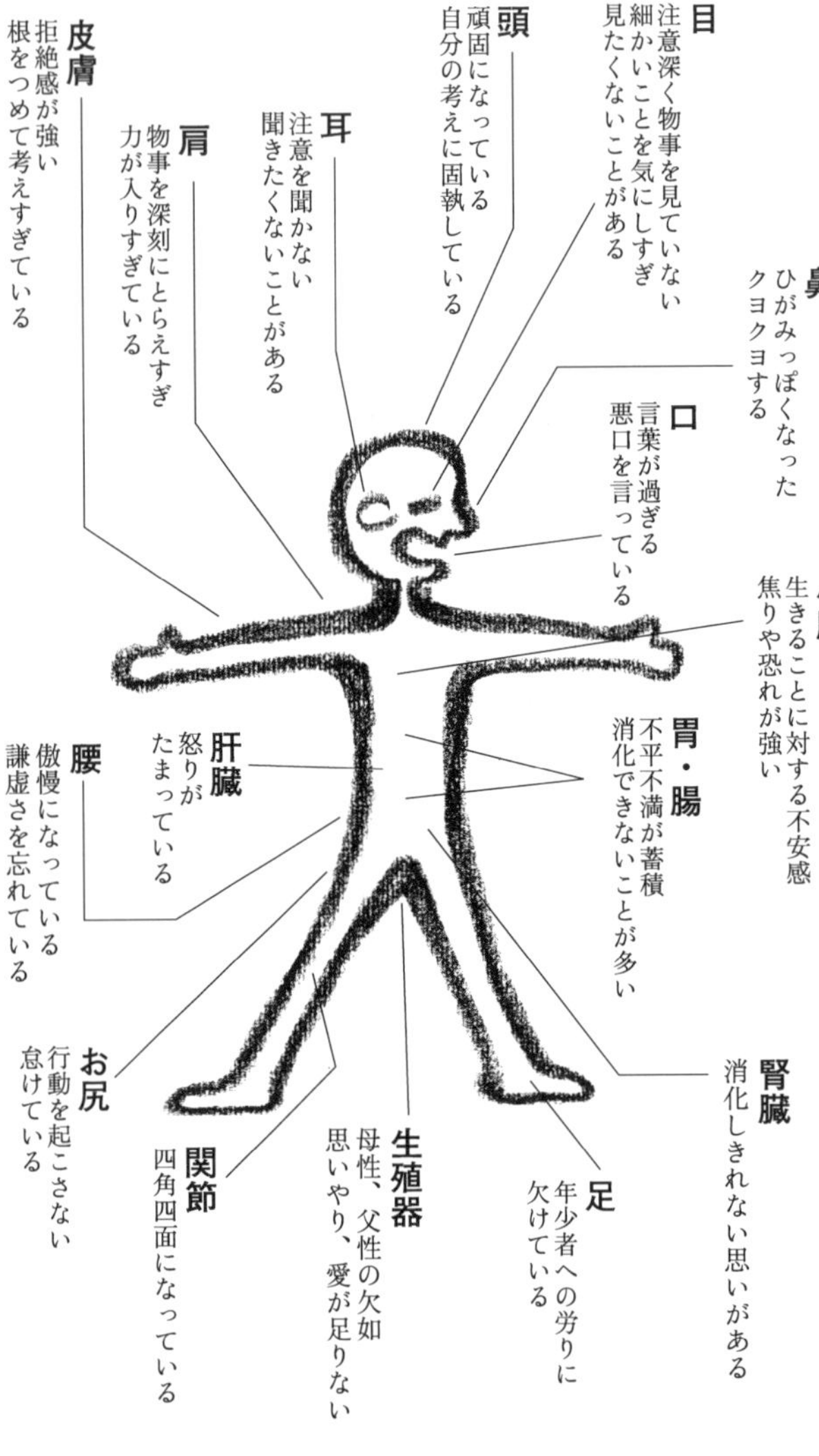

1．体の症状として表れる、たましいのメッセージのひとつにすぎません。
必ずしもこの理由とは限りません。

2．スピリチュアルな視点にかたむくことなく、肉体の部分のことは
必要に応じて医師の判断を仰ぎましょう。

【親しい人の死】

死別の悲しみを乗り越えるには、何よりもまず、〈霊魂（スピリット）の法則〉を思い出してください。死は、この世での修行の旅を終えた〈卒業〉、そして、スピリチュアル・ワールドからは、「お疲れさま」と迎え入れられること。恐れることはありません。死＝永遠の別れではないのです。そう思っていても、悲しくて泣き濡《ぬ》れてしまうのは、厳《きび》しいようですがあなたのほうが依存心を持っているのです。泣いているのは誰のためかをよく考えて。本当に亡《な》くなった人のことを愛しているなら、そう長くは泣いていられません。自分の人生をしっかりと歩むことこそが、今は亡き人を安心させることであり、浄化を応援することになるのです。

必要な材料（もの）──手紙

1 〈霊魂（スピリット）の法則〉を思い出してください。

2 死は無になることではない、そう思えましたか？

3 それでも、まだ心残りがあるなら、故人に対して、手紙を書きましょう。

4 心を静かに落ち着けて、思いの丈を綴りましょう。この時に込めた念が伝わります

5 『どうして死んでしまったの』『悲しい』といったマイナスの言霊は、浄化を妨げてしまいます。

6 『今までありがとう』『そちらでも元気でね』と、霊性の進化向上を助ける励ましの言霊が自然に湧いてきたら、〈卒業〉のサイン。お葬式がこれからなら、手紙を棺《ひつぎ》に入れてもいいですし、済んでいるなら、書くだけでも充分伝わります。

【子どもの死（出産時）】

この世に生まれて来たいと願っているたましいはたくさんいます。出産は、そのためのボランティアといえるかもしれません。けれど残念ながら、流産したり、生後まもなく亡《な》くなってしまう赤ちゃんもいます。「かわいそうなことをしてしまった」と、悔《く》やんだり、自分を責《せ》めているお母さんたちにメッセージです。

必要な材料（もの）―赤ちゃんとの出会いに感謝すること

1　せっかく自分たちを親に選んでくれたのに申し訳ないという気持ち。その思いは赤ちゃんに届いています。

2　忘れないでください。たましいは、受精の瞬間に宿りました。それからお母

さんのお腹にいた間、短くても命を全《まっと》うしたのです。

3 お父さんやお母さん、周囲のみんなに愛されていたことは、赤ちゃんの記憶に残っています。

4 短くても、思いを込めて精一杯生き抜いた赤ちゃんに「ありがとう」を言えたら、〈卒業〉のサイン。

5 姉弟をもうけることをためらう親御さんもいますが、それは違います。霊界に帰った赤ちゃんも、姉弟ができることをきっと喜びます。

【自分自身の死】

たましいの病など、寿命に関《かか》わる病気になり、死が迫っている時、どうしても気弱になるものでしょう。余命《よめい》が宣告されている人もいるかもしれません。

しかし、繰り返しになりますが、死は無になることではないのです。現世での旅が終わり肉体がなくなっても、たましいは永遠です。限られた時間の中で何をしたいか、何ができるかを考えてください。

人は誰だって限りある命を生きています。死なない人はいません。

たとえ残された時間が短くても、そこに思いを込めることはできます。今からでも遅くないので、一日を一年だと思って過ごしてみましょう。そうすれば、十日は十年になります。

必要な材料（もの）――これまでの人生を振り返ること

1　死を受け入れることは、つらいことでしょう。その感情まで否定することはありません。

2　思い出してください。死は永遠の別れではありません。家族を遺《のこ》して先立つことになっても、やがて霊界で再会できます。

3　これまであなたが歩んで来た道のりを振り返ってみましょう。ノート内観法（一七〇頁）を使ってもいいでしょう。

4　思い残したことがあるなら、今からでも遅くありません。手紙を書くなどして、思いを告げましょう。

5　これまでの人生、人との出会い、そして味わった挫折《ざせつ》にさえも「感謝」の念が湧《わ》いてきたら、〈卒業〉のサイン。

死を必要以上に恐れることはありません。人生は、長さが問題ではないのです。たとえ短くても、そこにどれだけ思いを、込められたかが大事なのです。

おわりに

そろそろ最後のまとめに入りましょう。

現世の中で輝いて見える人がいます。そんな人の前にいると、自分はなんてちっぽけな人間だと思うかもしれません。

〈自分探し〉という言葉がとても流行《はや》りましたが、あれは本当に自分を探しているわけではなく、『人からこんなふうに思われたらイヤだ』という意味での自分探しです。〈人からどう見られるか探し〉だと思います。

〈自分探し〉をやめられない人の中には、『どうせ生きるなら、目立つ生き方がいい。好きなことで成功したい』という執着《しゅうちゃく》をなかなか捨てられない人もいるでしょう。そう思うなら、挑戦してみるのもいいと思います。ただし、表面的な華《はな》

やかさだけを見ていてはいけません。目立つこと、経済的に成功することとの代償《だいしょう》もきちんと払わなくてはいけないのです。

ノート内観法で、自分の人生の夢や計画を書いてみましょう。

何か自分の好きなことだけに没頭《ぼっとう》していたいという人は、生活が苦しくなってもいいですか？　世間の目に耐《た》えられますか？　病気になった時どうするのですか？　挫《くじ》けないだけの心身の体力がありますか？　家族から「勘当《かんどう》だ」と言われてもやりますか？

誰も頼れませんし、たくさんの苦渋《くじゅう》や辛酸《しんさん》をなめることになるかもしれません。その覚悟があるかを自問自答してください。光と闇を見つめる想像力がないと、結局泣くことになります。

見た目の成功に惑《まど》わされるのは、心眼《しんがん》が伴《ともな》っていないからです。本当の価値が見えないのです。物質的な成功だけを求める人や、それを自慢するような人間が

いたら、哀《あわ》れと思えばいいだけの話です。

私が心の師と思っている美輪明宏《みわあきひろ》さんは、それこそ波瀾万丈《はらんばんじょう》な人生を生き抜いてきた方です。ちやほやもされ、蔑《さげす》みもされ、その荒波から人生を見ていた美輪さんの冷静さには足元にも及《およ》びませんが、私にもある程度はわかります。

その昔は「霊が見える」と言うと「頭がおかしいんじゃないか」と言われたものです。ところがスピリチュアル・カウンセラーとして広く受け入れてもらい、テレビにも出るようになると、今度は「古い知り合いなんだ」「親戚なんだ」と自慢して歩く人もいる。おまけに、「あのプラチナ・チケット、何とか取れないかな」と利用できるときは利用しようという人まであらわれる……そんなものです。

純粋培養《じゅんすいばいよう》のアイドルのようにローティーンのときからちやほやされていたというならともかく、私のようにある程度人生を生きてから注目されても、これまでの人生で酸《す》いも甘《あま》いも知っているだけに手放しではしゃぐことはできません。す

ぐに物事の裏を見てしまい、「ちやほやしてくれるのも商売だものなあ」と冷静に考えることができます。

光と闇、その両方を知っているといいのです。経験してみればわかることです。どんな経験も人生には活《い》かすことができるのです。いろんな経験を積んだ人はあまり動じないもの。脚光を浴びてちやほやされても泰然としています。そこで動じるのはたましいがまだ未熟だからなのです。

間違ってほしくないのは、この本で述べてきたようなことを絶対に頭でっかちにとらえないでほしいということです。

私のメイン読者はだいたいが主体性欠如《しゅたいせいけつじょ》の時代の人たちです。偏差値《へんさち》教育で順位をつけられて、〈いい子〉であることを求められてきた世代です。そのせいか、

スピリチュアリズムも一生懸命に本を読んで理解すればいいんだろうと、わかったふりをしたがる習性がついているように思います。その前向きさ、純粋さはすばらしいけれども、背伸びをしてはいけないのです。

がんばるのは大事。でも焦《あせ》る必要はありません。巻き返したい気持ちに追われて、背伸びして自分を変えたとしても、そこに実は伴《ともな》っていません。自分のたましいを無理に型に押し込めず、実際の経験と感動によって学びを得て欲しいのです。

自分の感性や勘《かん》を大事にしないといけません。自分自身にウソをついてはいけない。自分自身だけには絶対に正直になりなさい。未熟な部分にも正直でいなさい。背伸びしてはダメ。〈優等生〉になろうと思い込んではいけないのです。

ですから、できないことはできない、自分でわからないことはわからないと認めることは大事です。勉強と一緒で、わからないところを曖昧《あいまい》に通りすぎてしま

うと、そこはもう一生わからないまま。「いまさら小学校の算数なんてできないよ」などと言わず、イチから勉強し直してもいいではありませんか。

そうはいうものの、私自身は、無駄な人生だっていいじゃないか、と思っていたりするのです。全員が全員、根《こん》を詰《つ》めて生きろとは言いません。やりたくない人はやらなくていい。冷たく突き放してそう言うのではなく、無駄だったと思う人生も、悶々《もんもん》とする人生も、たましいにとっては大切な経験だからです。

講演でもよく私はこう言っています。

「人生には留年もあるし、休学もあります。退学だけはできませんが、留年して三年寝太郎《ねたろう》で過ごしてもいいのです。退学は自殺です。これもまた、大きなたましいの流れで見れば因《いん》・縁《ねん》・果《か》ではあるのですが、退学でなければ、留年というかたちで逃げたっていいと思います。逃げた経験と感動があれば、次は逃げないでやってみようと思うときが来ます。今生《こんじょう》で一生懸命ガッツガッやっている人は、

前世でよっぽど無駄をしたのかもしれません」と。

逃げてしまったから罪人《ざいにん》だとか、そういうことはありません。人生、焦《あせ》ることはない。ただ、着実に一歩ずつ前へ進んでいかなければいけません。焦る気持ちがあるのなら、地道《じみち》に働いて毎日を生きなさいということです。急がば回れです。

経験は宝です。成功も宝だし、失敗も宝。人生の無駄があるとすれば、保守的な価値観や自分の見栄などの物質中心主義的価値観です。他には一切《いっさい》無駄はありません。味わうことです。ひとりひとりがみな救世主。世の中を変えられるのは、自分だけなのです。

誰もがこの世に生きる価値を持って生まれてきました。

自分を等身大で見てください。いい部分も悪い部分も全部受け止めていくことが大事です。いい学校を出なきゃ、いい会社に入らなきゃ、いい結婚をしなきゃ、

美しくならなきゃなど、物質的な価値観とはまったく関係がありません。

むしろ、そういう物質的価値を価値だと思っているために、それを一つ失うと、あるいは一つ得られないだけで、『私は生きる価値がない』と考えてしまうのです。物質で充《み》たされることが価値なのではなく、生き抜くことが価値。日々の経験と感動が価値。胸を張って「これが自分の世界です」と言えるようになれれば、それがいちばんすばらしい、この世でのたましいの旅なのです。

私はいまのように世の中で注目されることで、たましいを磨《みが》く経験をしています。昔のような暮らしをしていたら、自分の悪口を言う人はしょせん二人か三人でしたが、いまのように露出が増えると、何百人、何千人、何万人もの人から悪口を言われたりもするのです。

でも、日々の経験と感動を味わい尽くす極意《ごくい》を知ると、楽しくなってきます。毎日、自分自身と将棋を指《さ》しているような気分です。苦難の手があちこちから伸

びて、『いやあ、こういう手で来たか。方々で磨かれたなあ』と、鷹揚《おうよう》に考えられる。するとだんだん強くなってくるのです。私も最初は腹が立って悶々としていた時期もあるのですが、我ながら、『人間って本当に強くなるものだなあ』といまは笑っていられます。

この世での物質中心主義的価値観が生み出す苦悩を乗り越えるには、この世はすべて平等にできていると理解することです。

そのうえで、自分に正直に生きなさい。自分の生きる力量に合わせて生きなさい。自分は人とは違うのだと、胸を張って言える自分でいてください。

やがて迎える死は、ふるさとに帰るだけなのです。ただ、死ぬときにはすべての執着《しゅうちゃく》を離して死ぬのです。そのことを胸に、経験と感動を求めて、人生の大海《おおうな》原《ばら》を思う存分旅してください。

江原啓之プロフィール

1964年12月生まれ。世界ヒーリング連盟会員。
和光大学人文学部芸術学科を経て、
國學院大學別科神道専修II類修了。
1989年スピリチュアリズム研究所を設立。
主要な作品として、
【書籍】『人はなぜ生まれいかに生きるのか』(ハート出版)『幸運を引きよせるスピリチュアル・ブック』『江原啓之のスピリチュアル子育て』(三笠書房)『スピリチュアル幸運百科』『スピリチュアル夢百科』(主婦と生活社)『スピリチュアルメッセージ』シリーズ(飛鳥新社)『子どもが危ない!』『いのちが危ない!』(集英社)
【DVD】『江原啓之のスピリチュアル バイブル』(集英社)
【CD】『スピリチュアル ヴォイス』『スピリチュアル エナジー』(Sony Music Direct) などがある。
テレビ・ラジオ・雑誌連載・講演会をはじめ幅広く活動。また、音楽と癒しのエンターティメント、舞台『江原啓之スピリチュアル・ヴォイス』公演によるアーティストとしての活動も行っている。

現在、個人相談は行っておりません。
また、お手紙等によるご相談もお受けしておりません。

公式サイト　http://www.ehara-hiroyuki.com/
携帯サイト　http://ehara.tv/

苦《く》難《なん》の乗《の》り越《こ》え方《かた》

発行日　二〇〇六年四月一日　第一刷

著　者　江《え》原《はら》啓《ひろ》之《ゆき》

発行人　伊東　勇
編　集　藤本真佐夫
発行所　株式会社パルコ　エンタテインメント事業局　出版担当
東京都渋谷区宇田川町十五ノ一
電話〇三・三四七七・五七五五
http://www.parco-publishing.jp/

印刷・製本　株式会社　文化カラー印刷

ISBN 4-89194-728-4　C 0095

苦難の乗り越え方